家族は知らない

真夜中の老人ホーム

やりきれなさの現場から

川島徹

祥伝社

まえがき

仮眠をしている耳にゴトゴトと音がした。
イラッとする。
Aさんのトイレである。
これで20回目のトイレ。夜明けまでにはあと10回は行かれる。
しかもおちんちんをちょろっと出しておられるので歩きながら廊下を濡らされる。
ときには洗面台の流しに放尿される。
夜勤者はたまったものではない。
ひと晩に30回仮眠から起こされ、30回廊下の拭き掃除をさせられるのである。
注意すると杖を振りまわされ殴られかねない。
認知症のお年寄りの介護の現場である。

わたしが介護の仕事を始めたのは60歳のときだった。

それまで10年間働いていた電気メーターの検針の仕事をクビになった。

その詳細は『メーター検針員テゲテゲ日記』(三五館シンシャ)に書いた。

60歳、まだ若い。遊び暮らしてなどいたくなかった。仕事の緊張感がないと生活のリズムを失ってしまう。それに遊び暮らしている余裕はなかった。作家になりたいという途方もない夢を追って、40代半ばで会社を辞めたこともあり年金だけでは生活できなかった。わたしは贅沢《ぜいたく》をするつもりはないが、多少のお金は必要だった。

ハローワークの仕事を検索すると介護の仕事がつぎつぎに出てきた。

夜勤だとひと晩で1万円、高いところは1万5千円。作家になるという夢はまだ諦めてはいなかった。夜勤だと人間関係に煩《わずら》わされることはないだろう。それに夜中に本が読めるかもしれない。

そんな不埒《ふらち》な動機で、わたしはあるグループホームの夜勤の仕事を始めた。

そこを皮切りに70歳まで10年間、8カ所あまりの老人ホームを転々とした。

10年間、真夜中の老人ホームを見てきた。

その経験を書いたのが本書である。

介護保険法は2000年に施行されたばかりである。

そして戦後のベビーブーム世代が介護される年齢になり、介護施設は雨後の筍のごとく造られている。

しかし介護の現場は典型的な3K、4Kである。

きつい、汚い、給与が安い。希望が持てる職場ではない。

世間の人手不足もあり、働き手がいない。

2025年には30万人あまりの介護者が不足するとの予測がなされている。

そのこともあり、介護職は引く手あまたの職業となった。

それゆえ未成熟な介護者が多い、といえるかもしれない。

わたし自身仕事を始めたとき介護のことはなにも知らなかった。

グループホームと特別養護老人ホームの区別もつかなかった。

いまや介護に関する本がたくさん書かれている。

老人ホームの経営の仕方、その選び方から、さらには老人ホームの闇の部分が暴かれるようになった。事実、老人ホームにおける事故、事件がニュースになるようになった。虐待、さらにはお年寄りが老人ホームで殺される事件まで報道されるようになった。

もちろん老人ホームにはほのぼのとした物語もあった。わたしもそうした場面を望んだ。が、老人ホーム、そこは人生最後の物語の場である。そこで人はみんな自分の健康との闘いに臨まなくてはならない。そしてその闘いに負けてこの世を去っていかなければならない。人生最後の物語が混乱や無力さに満ちているのはいたしかたないことだろう。ちびまる子ちゃんの友蔵さんのようにほのぼのとした物語などめったにないのはいたしかたないことだろう。

この本でわたしは夜勤者として見た介護の現場を書いた。わたしは介護の専門家ではない。ただ夜勤者として週2回10年間働いてきただけである。たまたまわたしが経験したことを書いただけであり、本書が老人ホームのすべてを物語っているわけではない。

みんなが寝静まった真夜中にどんな物語があっただろうか。

イレズミ男もいれば刑務所帰りの女性もいた。元歯科医もいれば認知症の女性に恋した元社長もいた。

彼らの人生の最後の物語が、みんなが寝静まった真夜中だからこそわたしには見えたように思う。


なお、この本は読みやすいように小説に近い文体で書いてあるが、書いてあることは事実である。

「事実をして語らしめよ」（柏耕一『交通誘導員ヨレヨレ日記』三五館シンシャ）の名言をいつも手元に書いたものである。

ただし、本書に登場する人物および施設名はすべて仮名としている。また、個人を特定されないよう、記述の本質を損なわない範囲で性別・職業・年齢などを改変してある。

目次

装丁・本文デザイン	田村梓（ten-bin）
イラスト	丹下京子
DTP	キャップス
校正	円水社
JASRAC出	2501327-501

第1章

元歯科医の
井上秀夫さん

どすんと音がして、トイレのほうから「助けてくれー」と男の声。さきほどトイレ誘導した元歯科医の井上秀夫《いのうえひでお》さんの声だった。

しまったー。

彼が用を足し終わるまでそばで待っているわけにもいかず*、二宮《にのみや》アヤさんの着替えの介助をしているときだった。

目の見えない二宮さんは布団のうえで上半身肌着1枚にされ、にこにこしていた。とりあえず彼女の肩に上着をかけ、「ちょっと待ってな」と言って、トイレに駆けつけた。

哀れにも井上さんがトイレの床に倒れていた。

武岡《たけおか》*にある民家を改造したグループホーム*、その南側のトイレは狭く、そして井上さんは大柄である。便器と壁の間に挟まれて動きがとれなくなっていた。

「どげんしたと。動かないでと言ったがな」

井上さんはトイレの壁を睨《にら》んだまま返事をしない。

倒れ込んだお尻が剝《む》き出しになっている。便器の水のなかには大きな固まりが沈んでいる。自分で後始末をしようとしたのだ*。


そばで待っているわけにもいかず：老人ホームにおける朝はドタバタである。9人あるいは16人の入居者の世話をしたとき息つく暇がなかった。起床から更衣、トイレ介助、洗面、朝食の準備、食事介助、服薬介助、さらには朝食の後片付けをしなければならなかった。朝4時から始めていたが、ということは朝4時に起こされる気の毒なお年寄りがいたということである。

武岡：鹿児島市の町のひとつ。

グループホーム：216－217頁「用語」参照。

「なんで、また自分でやるの。動かないでと言ったがな」

便座の蓋を降ろして水洗の水を流した。

「そげん言わんで、早く起こしてよ」

体重75キロ。

麻痺した左半身をしたに横たわっている。

トイレが狭くて足を踏み込むことができない。

引っぱり出すしかない。

手摺りに伸ばしていた井上さんの右手を摑《つか》み、それを引いた。

「イテテテテッ」

「がまんしゃん」

「イテ、イテッ」

ズボンが脱げそうになり、大の男の下半身がさらに剝き出しになった。上半身を引っぱり出し、背中から抱きかかえた。恐ろしく重い。

「よかや、自分で立ってよ、自分の足で立つんだぞ」と声をかけたが、彼の左足はへなへなである。ふたりでよろめいた。75キロの重さがそのままわたしにのしかかってくる。


自分で後始末をしようとしたのだ：排泄介助は羞恥心を伴う。そのことに対する配慮が必要である。とくに男性が女性を介護する場合は年齢を問わず配慮が必要となる。拒否され殴られたり、ひっかかれたりする。

ナースコールが繰り返し鳴る。寝たきりの宮本文江《みやもとふみえ》さんだ。聞き流す。騒々しさに江口《えぐち》シズさんが起き出してこないか気になる。前頭側頭型認知症*で、用を足したあと便器のなかの水で手を洗う人である。やめさせようとすると杖を振りまわして怒る。

イラッとする。*

ここで力を抜いたらふたりもろとも転倒してしまう。

「こらっ、しっかいせんや」

さらによろめき、わたしにのしかかってくる彼の体重を押し戻したとき腰に鋭い痛みが走った。

「右手ッ、手摺りを摑まえんや」

力を振りしぼり彼の重さに耐える。

「しっかいせんや」

ふたりでよろめき、やっとの思いで彼の体重を麻痺していない右足に移した。そして彼のお尻を便座のうえに降ろした。便座が割れたと思った。が、固い音をたてただけだった。そして井上さんは下半身裸、ズボンは足首にひっかかっているだけだった。

前頭側頭型認知症：216-217頁「用語」参照。

イラッとする：認知症の人の対応は忍耐を要する。衣服を下ろさず便座に座り排尿される。パッドを便器に放り込みトイレを詰まらせる。そしてにこにこしておられる。そして陶器の箸置きを口に入れあめ玉のようにしゃぶっておられる。もはや常識が通じない世界である。

「動かないでと言ったがな」

鋭い痛みのある腰を伸ばしながら、わたしは怒った。

彼の介助は充分注意していたが、ついに腰をやられてしまった。

黙ってトイレの壁を見ていた井上さんは小さな声で「ありがとう」と言った。

彼の気持ちが近づいてきたのが分かった。


彼を初めて見たのは、9人の入居者*がテーブルにつき夕食の配膳を待っているときだった。いわゆるお年寄りのなかで、まだ働き盛りではと思われる男性がおり、一番奥の席から、わたしを見ていた。それが元歯科医の井上秀夫さんだった。

悲しいのか、怒っているのか、疲れたのか分からないような顔をしていた。他の人たちがわたしの挨拶になんの反応も示さなかったのに、彼だけが意味不明な顔をしてわたしを見ていた。やっかいそうな人だなと思った。

井上さんはわたしよりかなり若く、50歳くらいではと思われた。

9人の入居者：216-217頁「用語」の「グループホーム」参照。

奥さんの実家のある熊本市で歯科医院を開業していたが、数年前の脳梗塞で左半身麻痺となり車椅子*の生活だった。奥さんとは離婚し、実家のある鹿児島市に帰ってきていたのだった。

彼が泣いていたことがあった。

「なんでこうなったんだろう。くやしいよ」

あるとき、井上さんが車椅子のうえで泣いていた。

「つらいよね」

「つらいよ、苦しいよ。あなたがうらやましいよ」

「……」

「おれには、もう、何もないのよ、何もないのよ」

車椅子のうしろにいたので顔は見えなかったが、彼が涙を流しているのが分かった。わたしは車椅子のハンドルを握りなおし、「デイの家*に行こうか」と言った。

歯学部での前途洋々たる学生時代。開業し社会的な地位も、豊かな家庭も手に入れた幸せな日々。歯科医院ではスタッフにも患者さんにも慕

車椅子：介護用品は介護保険が適用される。介護度や車椅子の種類によっては介護保険が適用されないことがある。ここで井上秀夫さんが使っていた車椅子は背もたれを水平位置まで倒すことのできるものだった。これは第8章の樋口フジ子さんの場面でも出てくる。

デイの家：デイサービスの家。このグループホームは隣接したふたつの空き家を使用していた。一段高いところにある家に風呂やホールがあり、レクリエーションなどのデイサービスはそこで行なわれていた。朝食後、下の家の井上秀夫さんら9人を上の家に誘導しなければならなかった。徘徊癖のある女性は10メートルもない距離を歩くのが

われていた。平穏で豊かで幸せな日々だった。生きているかぎりそれらが続くはずであった。なんの疑いもなくそう思っていた。が、井上さんは50歳になる前にそのすべてを失ったのだった。

夜勤者のわたしにはなんの慰めの言葉も見つけられなかった。

彼は車椅子から立ちあがるとき、「がんばれツルマル、がんばれイノウエヒデオ」、と言うことがあった。鶴丸とは鹿児島県で1、2位の進学高校の名前である。

楽しそうだった。

しだいに彼とは気心が知れるようになっていった。

デイサービスの家に行くには、いったん道路に出て坂道を登らなければならない。すぐ隣の家なので車椅子で行くのだが、急な坂道は恐い。車椅子から下り坂を見ることは恐い。車椅子を押しているほうも恐いが、乗っているほうは介助者への信頼*がないかぎりとても安心などしておれないはずである。初めてのとき、わたしは車椅子を下り方向に向けてしまった。

「おおっ、おおっ」

介助者への信頼：お年寄りは介護者に頼るしかない。車椅子への移乗や階段の上り下りなど介護者を信頼して身を任せるしかない。信頼関係がないとき、お年寄りは不安な顔をされる。

井上さんは声をあげ、車椅子にしがみついた。
5、60メートルの急な下り坂は、ハンドルを握っているわたしも不安になるほどだった。うっかり手を離したらと思うと、車椅子が井上さんを乗せたままころがり落ちていくさまが見えてしまうのだった。
が、わたしは冗談を言った。

「ころがってみるや」

わたしはハンドルを握りなおしてから言った。

「よせ、よせよ」

「たまにはひとりでドライブをしてみいやん」

「よせ、よせよ」

井上さんは尻込みするように車椅子にしがみついた。

「冗談、ごめん、ごめん」

「笑いごとじゃないぞ」

井上さんは大きな声で言った。

でも本当は怒ってはいなかった。

折り紙や塗り絵：デイサービスにおけるレクリエーションの典型的なもの。他にも風船やお手玉を使った身体を動かすもの、ラジオ体操などがある。頭を使ったり、笑ったり健康のためにはいいのだが、お年寄りはあまり関心を示さない。というよりもはや関心を示す気力がないのだ。その反応のなさに指導するほうが疲れてしまうというもの。

わたしはときどきこの遊びをやった。

井上さんに興奮してほしかった。怒ってほしかった。スリルや怒りで生きていることを感じてほしかった。

デイサービスでおばあちゃんたちと一緒に童謡を歌ったり、折り紙や塗り絵*をすることなど井上さんにはみじめなだけである。

彼はデイサービスのときうたた寝をしているということだった。昼食まで、車椅子のうえで眠り、昼食後、再びうたた寝をする。

夜も同じである。

夕食が済み、口腔ケア*が済むとベッドに誘導するが、ベッドに横になりしばらくすると寝息をたて始める。

１日が終わった心地よい眠りではなく残酷な眠りだった。

眠り疲れて眠っているのである。生きていることになんの目的も無くなりただ眠っているのである。体も脳も萎縮してしまう有害な眠りだった。

彼が唯一生き生きした表情を見せるのは訪問歯科*のときだった。

口腔ケア：口腔ケアは虫歯予防のためだけではない。入れ歯は虫歯にならない。口腔ケアは口中の細菌を増やさない、飲み込まないためにも必要。飲み込んだ細菌は内臓を痛めてしまう。傷口から細菌が血液のなかに入ると命の危険がある。

訪問歯科：歯科のほかに訪問内科、訪問理美容（散髪）などがある。外部の人が施設に入ってくる数少ない機会であり、健康な人たちのにぎやかさが入ってくる機会でもある。

異臭が漂い奇妙な声が聞こえる施設*に、訪問客は規律のあるきれいな空気を持ちこんでくる。若い女性だと華やいだ街の雰囲気をそのまま持ちこんでくる。

訪問歯科のとき、若い女医さんと機材を抱えたふたりの助手の女性が来るが、井上さんはわたしが見ても生き生きした顔になっていた。歯科医としての自分を思い出しているのかもしれなかった。

「大きく口を開けてくださいね」

車椅子の背をうしろに倒して、若い女医さんが言った。

井上さんの歯はガタガタになっている。

これが元歯科医の歯かと思われるほど汚れが染みついている。

車椅子で洗面台*にしがみついての歯磨きは充分にできないのだ。

そんな井上さんはどんな気持ちで治療を受けているのだろうかと思いながら見守る。

助手の女性がライトをかかげた。研磨機の音がする。

女医さんは井上さんが元歯科医だったことを知っているのだろうかと思いながら見ていると、「イテテテッ」と井上さんが声をあげた。そし

異臭が漂い奇妙な声が聞こえる施設：施設ではポータブルトイレを使用したりベッドのうえで排泄介助をすることが多い。その臭いがたちこめてしまう。わたしの記憶に染みついているのかいつも異臭がした。また特養などでは独り言を言うお年寄りが何人もいた。同じ歌を繰り返し歌ったり、お経のように独り言を言い続けたり、独りで3人分のおしゃべりをする女性もいた。痛いよ、痛いよーと奇声を発し続けている女性もいた。

洗面台：通常の洗面台は底が丸みをおび出っ張っている。車椅子では使用しづらい。車椅子対応のものは全体の造りが平たくて底も出っ張りがない。この施設は空き家を

て「へたくそ」と言った。

「ごめんなさい。少しがまんして」

女医さんがやさしく言った。

「へたくそ、どこで勉強してきたんだよ」

井上さんの言葉にふたりの助手が小声に笑った。

そして、わたしも笑ってしまった。


井上さんがまた泣いていた。

声を出して泣いていた。

みんなをデイサービスの家に誘導し、彼が一番最後までとり残されたときだった。さきほどまでの朝の慌ただしさが消え、静かさがトイレや洗面所、部屋の隅々に広がっていた。ひとり残された井上さんは車椅子のうえで声を出して泣いていた。

「どうしたの」

真正面から見た男の泣き顔に戸惑いながらも、わたしは慌ただしさのままに声をかけた。


使っていたので、洗面台は車椅子対応ではなかった。

井上さんは答えなかった。ただ泣いていた。

「井上さん、どうしたの」

言葉を探しながらも、また同じ声をかけた。

井上さんが、やっと口を開いた。

「女はいいよ、女はいいよ」

「えっ」

「女はいいよ」

「どうしたの。なんのこと」

泣き声は子どものようだった。

わたしには、彼の言葉の意味が分からなかった。

その意味が分かったのは数週間後、夜中のパッド交換*をしているときだった。

男性の夜のパッド交換は3分とかからない。

本人もほとんど目覚めることもない。

井上さんは、いつも太いいびきをかいて眠っている。

夜中のパッド交換：入居者のパッド交換は21時、24時、そして起床前に行なっていた。男性の場合は簡単だが、女性の場合は下腹部全体を出す必要があるのでちょっと手間取った。同時に巡視も行ない、ベッドから落ちていないか、トイレなどで倒れていないかなどを確認した。

小さくなったおちんちんをパッドでくるむとき、他人にこんなことまでしてもらわなければならない井上さんのみじめさが分かる。

あのとき彼は珍しく目覚めていた。

「よかや、パッドを替えるからな」と声かけをしてズボンの前を開いた。

井上さんは黙って天井を見ていた。

妙な膨らみにパッドがずれたかと思った。リハビリパンツをめくると膨らんだおちんちんが立ちあがってきた。危うく声が出るところだった。目の端に映る井上さんの顔は黙って天井を見ていた。男同士とはいえ、なんと声かけしたらいいのか分からなかった。

わたしは彼を慰める言葉を思いつかないままに言った。

「おお元気よ」

井上さんは黙っていた。

「井上さん、元気だよ」

立ちあがっているおちんちんを新しいパッドでくるみながら、わたしは言った。しばらくして井上さんが言った。

「女はいいよ、女はいいよ」

彼は天井を見たまま言った。

このとき、わたしは井上さんの言う意味がやっと分かったのだった。

3年前のことを思い出した。

明和《めいわ》3丁目にある施設で働いていたとき、昼間の勤務に駆りだされた*ことがあった。そこに50代で半身麻痺の男性が入居しており、女性スタッフから嫌われていた。

「もう、あの人いやっ」

「またやられたの」

「ほんといやらしいんだから」

彼は女性スタッフに介助をさせたがっていた。

その男性のナースコール*に、「ねぇ、川島さん行ってよ」と言われ、わたしが行くと、「あんたには頼んでないよ」と怒った。そこで引きさがるわけにはいかないので、「すぐに済みますから」などと声かけして、怒っている顔を無視してパッドを替えたのだった。

女性スタッフが行くとすぐに太ももやお尻に触る。さらに「握って

昼間の勤務に駆りだされた：老人ホームには主婦のパートが多い。彼女らはよく休む。年末年始、お盆、子どもの学校の行事などなにかと仕事を休む。そんなとき予定のない人は誰でも駆りだされる。勤務管理をする担当者も苦労する。

ナースコール：介護者を呼びつける道具である。特養では朝4時すぎに起床が始まったが、一旦起床が始まると物音に目覚めたお年寄りがつぎつぎにコールを鳴らした。数十台のコールがひっきりなしに鳴った。コールを繰り返し鳴らす人もいた。「さっき対応したばかりよ、ほんと嫌になる」と愚痴のひとつも出た。

よ」などと言う。若い女性が行ったときは、もっと卑猥《ひわい》なことを言うらしかった。

彼も若くして寝たきりになり、人生のすべてを失ったひとりだった。わたしは彼に好感を持つことはなかったが、同じ男として彼の苦しみは理解できた。下腹部が興奮するのだ。妄想で気が狂いそうになるのだ。が、介護現場では何もしてあげられない。

その男性にも、そして元歯科医の井上秀夫さんにも、何もしてあげることができないのだ。せめて奥さんがいて面会に来てくれたらと思うことしかできないのだ。

井上さんが入居していた武岡のグループホームを、わたしが退職して２年ほど経ったとき、元同僚の女性に出会ったことがあった。懐かしさもあり彼女に当時の入居者のことを尋ねた。最後に挨拶したときの井上さんの顔が思い浮かび、彼のことも尋ねた。すると彼女は、「井上さんは、亡くなりました」と教えてくれた。井上秀夫さんは、妹さん夫婦が住んでいた実家で自殺したということだった。

第2章

イレズミ男とレビー小体型認知症

「あの女、また泣いているよ」

イレズミ男の上村辰夫《かみむらたつお》さんが1階のホールに下りてきた。

上村さんは68歳、糖尿病である。

1型糖尿病で、朝食前に血糖検査*をし、インスリンの自己注射*をしていた。少し足腰が弱くなっているが、その他に体の不自由な所はなかった。認知症でもなかった*。が、右腕に昇り龍のイレズミをしている人だった。彼が着替えているとき、その腕を見て驚いた。

「イ、イレズミ」

仕事を忘れて声が出てしまった。

「そんな驚かないでよ。おれの守り神よ」

上村さんは肌着を放り投げながら言った。

どうして彼が背中や腕にイレズミをしているか分からなかった。

その道の人というわけではなさそうだったし、暴力的なものは少しもなかった。そればかりか男らしいやさしい気遣いをする人だった。

施設長の吉永清美《よしながきよみ》さんに尋ねたら、彼の知合いが彫物師だということだった。それが分かったとき、昇り龍のイレズミを安心して見ることが

血糖検査、インスリンの自己注射：指先を針で刺し、採取した血液を血糖値測定器で測定する。その測定値に基づいてインスリンの量を決め自分で注射をする。指先に針を刺すとき「これが痛いんだよ」と毎朝言っておられた。夜勤者は血糖値などを記録した。厳しい食事制限はあるし、体の末端から腐ってくるので手足を切り落とさなければならない。糖尿病は甘い尿が出るだけだろうなどという甘いものではない。

認知症でもなかった：老人ホームなどの入居条件は介護度や病気によって厳密に規制されているわけではない。多くは施設側の判断である。認知症については216

できた。

「また泣いていた？」

「うるさいんだよね。いったん聞き始めるとこっちまでおかしくなるんだよ」

上村さんが言った「あの女」とは、87歳の前《まえ》田《だ》安《やす》子《こ》さんのことだった。

幻視が見えるレビー小体型認知症*の女性だった。

「立ち聞きしたな」わたしが言うと、

「なんか薬でも飲ましてコロリといってもらったら」と上村さんは言った。そしてわたしが洗濯物を畳んでいる*のを見て、手伝ってやろうか、と言った。

「自分のを畳んでよ、ほらっ」と彼の前にズボンを投げてやる。

「いろいろとたいへんだね」

「まぁ、仕事だから」

上村さんは、なんの変化もないグループホームの生活にいつも退屈しているのだった。

彼はわたしが夜勤のとき、ホールに下りてくる。*


－217頁「用語」参照。

レビー小体型認知症：216－217頁「用語」参照。

洗濯物を畳んでいる：グループホームや特養の洗濯物はすさまじい量だった。洗濯物は入浴日に出てくる。入浴は日ごとにグループ分けしてあるが、それでも入居者の多い特養では30人あるいは40人分の洗濯物が出てきた。洗濯、乾燥、仕分け、畳み、そして収納する。わたしは仕分け以降をやっていたが、床に積みあげられた洗濯物の山を見て驚いた。4時間近くかかった。難しいのは仕分け。タグや衣服の目立たないところにマジックで名前が書いてある。どこに書いてあるか探さ

施設長の吉永清美さんはなぜかそれを知っていて、「上村さんを夜、ホールに下ろさないでくださいね」と言った。

厳しすぎると思ったが、上村さんの糖尿病を心配してのことだと分かった。

「夜中下りてきて冷蔵庫を開けるんですよ」

上村さんは食事が制限されているので、お腹が空くのだ。

食事のとき、まるぽちゃの認知症の福田《ふくだ》サヨさんが小皿に手をつけないでいると、「手伝ってやろうか」と手を伸ばして取ってしまうことがあった。施設長にひどく叱られたらしいが、わたしは見て見ぬふりをしていた。元社長の森山栄二《もりやまえいじ》さんが入居してからは、「また、取っているぞ」と声をあげるのだが、わたしは何も言わなかった。施設長の吉永さんを見習うべきだったが、わたしは割り切って仕事ができなかったのだ。

洗濯物の山から上村さんのものを引っぱり出して、つぎつぎと彼のほうに投げてやる。

「どうして、あの女、毎晩泣くの」


なければならない。さらにマジックの文字が何回もの洗濯で薄れていて読めない。担当者泣かせだった。

ホールに下りてくる：体力のある入居者にとって老人ホームは退屈である。衣食住はなんの心配もない。それゆえ刺激がない。緊張感がない。話し相手が欲しくて夜、勤務者のところに来る人がいた。最近フィットネスの設備を持ち、筋力運動をさせる老人ホームが出てきた。体力維持、そして幸せホルモンのドーパミンを分泌できるので理想の老人ホームかもしれない。誰しも寝たきりにはなりたくない。

「さぁ」

「川島さん、いじめてない」

「バレたか」

２階でガタガタと音がする。その音を聞きながらわたしは言った。

「いじめるなら施設長の吉永さんをいじめるよ」

「あの女、いい女ね」

「あっ、上村さん気があったの。いつも怒られているじゃない」

「ここでね、しょん便臭いばあちゃんばかり見ているとね、スタッフはみんないい女に見えるのよ。ときどきちょっと化粧してるとね、なんか女優さんみたいに見えることがあるよ。剃ったマユゲなんて色っぽいのね」

「そうか」

「おれ、飢えているかな」

「元気な証拠よ」

「怒ったときの施設長の顔、案外かわいいんだよ」

「ええっ、そうなんだ」

「怒ったときのあの口元、見たことがある？　あのゆがみ方、たまらないよ」

上村さんの顔がほころんだ。

「それにうしろ姿、腰まわりがたまらない」

「よく、見ているね」

「まだ独身よね、子どもなのよ。立場だから仕方ないのよ」

「そうか」


以前洗濯室に張り紙があった。

施設長らしいとても几帳面《きちょうめん》な字で書いてあった。


「たいへんです。

森山さんのシャツがたいへんなことになっています。

漂白剤は気をつけて使いましょう」


チラシの裏側に施設長の吉永さんが書いたものだった。

思わず、「はい、気をつけます」と言いたくなる張り紙だった。

「天文館《てんもんかん》*に行きたい。若いお姉ちゃんとビールが飲みたい」

吹上町《ふきあげちょう》から天文館までは車で1時間はかかるだろう。

もちろん仕事を抜けだせるわけではないが、上村さんの気持ちを吐きださせるために唆《けしか》けてみる。

「いまから行こうか？」

上村さんは声を出して笑った。そして顔が輝いた。

「ほんと女が欲しい。もう何年も女を抱いていないんだよ」

おおっ、と思いながら今度はわたしが笑った。

話がきわどいものに*なりそうだったので、「ちょっと前田さんを見てくる」とわたしは2階への階段を駆け上った。

前田安子さんは10日ほど前に入居したばかりだった。

「新しい利用者さんを紹介します」

夕方出勤したとき施設長の吉永さんが声をかけてきた。

わたしが挨拶すると、前田さんは小さな顔でにこにこしていた。そし

天文館：鹿児島市にある繁華街。飲食店、居酒屋、バー、クラブ、フィリピンパブなどでにぎわう。地名はこの地にあった天文観測所「明時館（めいじかん）」に由来する。現在は飲食店などの看板の明かりで星は見えない。

話がきわどいものに：入居者の話を聞いてあげる。気持ちを吐きださせてあげる。介護者の重要な仕事のひとつである。介護者は共感の姿勢で冷静に話を聞いてあげなければならない。熱くなって議論などしてはならない。

て、「お世話になります」と言った。

小柄な女性だった。

身長150センチあまり。背中と腰が曲がっているのでさらに小さくなっていた。そして全身、小便臭かった*。

しばらく息子さんと一緒に生活していたということだったが、息子さんがどこまで母親の面倒を見ていたかは分からない。

夕食の片付けをしながら、「食事はおいしかったですか」などと声かけしながら前田さんを観察した。

前の施設から、あるいは主治医から病歴、性格、行動の傾向など書面による引継ぎ情報はあっても、具体的にその入居者がどんな行動をするかは実際に接してみないと分からない。

それに入居者自身、新しい所に来て気持ちが不安定になっている。記録にない行動が出てくることがある。

昼間はスタッフの満面の笑みによる気遣いもあり、本人も緊張感と裏腹に笑顔でおられるが、夜は一変する。

小便臭かった：臭いが前田安子さんの衣服や体に染みついていたのか、長い間小便臭さが消えなかった。それともわたしの記憶に染みついていたのか。入浴サービスは本人の希望により2、3日置きに行なわれていた。

慣れない所でのさびしさと不安がそのままに出てくる。

前田さんは、まさにベッドに寝かしつけたそのとき不安が出てきた。エレベーターのなかでは、「みんなやさしかですね。ここに来てよかった、ここでよかった」などと言っておられたが*、ベッドに横になられ、わたしが部屋を出ようとしたそのとき泣き始められた。子どものような泣き声だった。

「どうしたの」

退室しようとしていたドアの所から尋ねた。

「恐いです。行かないでください」

前田さんは掛け布団を顎まで引き、小さな手でその縁を摑んでいた。

「何が恐いの。みんな居るのよ。何も恐いことなんかないのよ」

介護者としての職業的な笑顔とやさしさで慰めた。

「男たちが、居るんです。窓の外に男たちが居て石を投げるのです」

「そ、そんなことはないよ。誰も居ないよ。安心して」

「ほらほら、石を投げるの。4、5人居る。恐いの」

しだいに話は切迫感を帯びてきた。

言っておられたが：お年寄りへの声かけは「名字＋さん」である。馴れてくると「ちゃん」を使ってしまいがちだが禁止。さらにお年寄りに幼児ことばで話しかけてしまいがちだが禁止。敬語は封建制度の名残りである。男言葉、女言葉もそうである。日本語はそこにとらわれたままであり、そこから社会のひずみが生まれている。

「恐いっ。そこに居てください。男が注射をするの、大きな注射をお尻にするの、とても痛いの、そこに居てください。この時間になるといつも出てくるんです。誰も助けてくれないの、いつもがまんしているんです、そこに居てください、ひとりにしないでください」

わたしはまだ前田さんの書類を読んでいなかったので、彼女が幻視が現れるレビー小体型認知症であることを知らなかった。施設長の吉永さんが引き継いでくれたのは、「さびしがり屋さんみたい。中等度の認知症*で、不潔症*みたい。歩行は杖で歩けます。ただ付き添ってあげてください」そして、「昼間はとても楽しそうにしておられたから、まぁ、だいじょうぶだと思います」だった。さらに「変わったことはないと思うけど、でもよく見ておいてくださいね」と言っただけだった。

石や注射器を持った男たちの話が妄想であるとは思ったが、どのように対応すべきかは分からなかった。か細い泣き声を無視するわけにもいかなかった。話を聞いてあげれば落ちつかれるだろうと、ベッドのそばに椅子を置いて座った。

中等度の認知症：216－217頁「用語」参照。

不潔症：入浴をいやがるお年寄りは結構いる。「風呂に入らんかって、け死んもんや」と言っておられた。

「ここは2階なのよ。窓は閉まっているから、だいじょうぶよ。誰も入ってこないのよ」

前田さんの小さな顔を間近に見ながら、この人も苦労してきたんだろうなと思う。

「恐いです。男たちが居るんです」

「だいじょうぶ。外には誰も居ないし、ときどきぼくが来るから」

「窓の外に男たちが居て石を投げるの。ほらほら、石を投げるの。4、5人居るでしょう、見えるでしょう、恐い。そこに居てください、男が注射器を持っている。大きなのを持っている。あれをわたしのお尻に刺すのよ、とても痛いのよ。そこに居てください」

前田さんは同じ話を繰り返した。

しかも、泣き声のか細さとは別に、今度は途中から声を低めて話していた。このお年寄りが、どうやって声を使い分けることを覚えたのだろうかと思うような巧みさだった。わたしが話を聞いていると分かったので、子どもに恐いおとぎ話でも聞かせるかのように声を低めているのだろうか。

「ねぇ、男たちが居るのよ。ね、窓の外に男たちが居て石を投げるの、大きい男が居る、小さい男が居る、分かるでしょう、みんな石を持っている、石は白いのや、黒いのを持っている。ほら見えるでしょう、あちらにも男たちが居る、窓のしたのほう、あの男たちが注射器を持っている」

そして急に泣き声になった。

「あれをわたしに刺すのよ、とっても、とっても痛いの。あなたも刺されるかもしれないのよ、とっても痛いのよ」

これで話が終わったと思って「だいじょうぶよ。気のせいよ。明かりはつけておくから」と言い、椅子から立ちあがろうとすると、また最初から話し始めるのだった。

「行かないでください。恐いんです。窓の外に男たちが居るんです」

わたしはまた同じ話を聞かされるのであり、また同じ慰めの言葉を言わなければならなかった。
3、4回同じ話を聞かされ、3、4回も同じ慰めの言葉を言って、わたしの頭のなかも堂々めぐりになっていた。布団のなかから前田さんの小便臭さも漂ってきて苛立《いらだ》ってしまった。

わたしはついにひと言を口にしてしまった。

「またあとで来るね」

やさしく言ったつもりだったが、強い口調になっていた。

前田さんはそれからも独り言を言いながら毎晩泣いた。

他の夜勤者のときも泣き、石を持った男たちや注射器を持った男たちの話をしているということだった。しかし、昼間はまったくそうした話はしないということだった。

彼女には本当に石を持った男たちが見えており、注射器を持った男たちも見えているのだ。作り話ではないので、本人としてはとても恐いことだと思う。しかし、それは彼女の頭のなかの出来事であり、他人にはどうしようもない。彼女が眠りこむまで1時間も2時間もそばに付き添ってあげることなどできないのだ。家族のように寄り添ってあげることなどできないのだ。

やさしい気遣いをする施設長の吉永さんもさすがに音をあげたらしく、「レビー小体だから、ほっとくしかないのよ」と言った。

そして、わたしが前田安子さんの対応に戸惑っていることに気づいたのか「川島さん、介護の講習を受けてみますか」と言った。

鹿児島市が無料で行なっていた講習会と、ホームヘルパー2級*の通信教育を受けるように勧めてくれた。

ホームヘルパー2級：介護職の第一段階の資格。2013年3月に廃止された。新しく「介護職員初任者研修」になった。その受講内容、受講時間数も変更された。受講料は高くなった。わたしは変更直前に資格を取った。当時は施設での実習があり、わたしは手品を披露した。お年寄りよりも職員が喜んだ。

第3章

一杯飲み屋の元女将、伊藤ミネさん

「ほら、あそこに人が居《お》る」

車椅子の伊藤《いとう》ミネさんが畑のほうを指さした。

吹上町のグループホームでのことである。

夕食後、施設の玄関先で彼女がタバコを吸っているときだった。

突然の言葉に、えっ、と思う。

「どこ、誰も居らんが」

「居るがな。小さな人間が3人居るがな」

畑の向こうのどんぐりの木に葛蔓《くずかずら》*が巻きつき、紫色の花が垂れさがっている。

「ほらほら、一番下の子がこちらを指さしているがな。笑っているがな」

ボテッとした葛蔓の花にかわいらしい小人がぶら下がっているというのだ。

「ほら、もうひとりも笑っているがな。あなたを見て笑っているがな。はら*、ひとりが飛び移った。見て、あの小さな手」

次第に具体的になる話に、伊藤さんの認知症の世界に引きこまれそうになる。わたしは童話の『床下の小人たち*』を思い出した。あの小人た

葛蔓：つる性の植物で繁茂力が強い。侵略的外来種のひとつ。この根からデンプンが採れる。そのデンプンで葛きりが作られるが、いまや高級品である。

はら：自分自身に注意を促すニュアンスのある呼びかけ。鹿児島で使われる。

ちが頭のなかで動きだしそうになっていた。
それを振りはらうように、「なかに入ろうか」と声をかけた。
そして車椅子のブレーキを外した。
伊藤さんは火の消えたタバコを吸い殻入れにいれ、「ちょっと寒むなった」と言った。
小人たちは一瞬にして消えたようだった。
伊藤さんは少し疲れたようないつもの顔に戻っていた。
わたしは戸惑ったままだった。
奇妙な感じが残されていた。
伊藤さんを2階の居室に誘導してから尋ねてみた。
「さっきの子どもはどんな服を着ておったや？」
伊藤さんは黙っていた。
しばらくしてから、「なんの話《はない》な」と言った。
伊藤さんもレビー小体型認知症だった。
だから幻視が現れるのだった。

『**床下の小人たち**』：イギリスの作家メアリー・ノートンの児童文学作品。カーネギー賞受賞作。スタジオジブリのアニメ『借りぐらしのアリエッティ』の原作。気になったのはレンガ造りのイギリスの家に床下はない。大半の家には地下室がある。そして原作の題名は「借り手」である。日本語の題名は親しみやすく想像をかき立てるものがあるが、翻訳者の創作だろうか。

幻視の小人はその後も何回も出てきた。そしていつも「ほらほら、あそこに人が居る」と同じ言葉を繰り返すのだった。

夜勤のわたしが知っているのは、夕食後、タバコを吸っているときだった。施設長の吉永清美さんに尋ねたら、「タバコを吸っているときでしょう、いつも同じことを言うのよ」と言った。

もしかするとタバコの刺激が関係しているのかもしれなかったが、素人のわたしたちには判断はできなかった。

伊藤さんには、小人の幻視以外奇妙な発言や行動はなかった。それればかりか自分のことをよくわきまえ、また他の入居者のことも静かに見ておられた。それもそのはずである。薩摩大口《さつまおおくち》の駅*前で一杯飲み屋の女将《おかみ》だった人である。酔っぱらい相手の商売で、人を見る目、扱い方はお手のものだったのだ。

「昔は土方が多かったからな。酔っぱらって、よくケンカをすっとな」

「店んなかでや」

伊藤さんと話していると鹿児島弁になってしまう。

薩摩大口の駅：鹿児島県大口市にあった駅。1988年、廃駅となった。なお市名はその後、伊佐市になった。上京するとき、わたしはいつもこの駅から汽車に乗った。山野線で水俣に出てそこから特急寝台列車「はやぶさ」に乗った。東京まで20時間近くだったと思う。

「あたいの目の前でを。あんころは、みんな気性が荒かったでな。イレズミはしといしな、よくケンカすっと」

「どげんすっとな」

「怒鳴るのを、警察を呼んどと。まぁ、たいていは静かになったな。でも本当に警察を呼んだぞ、何回も。交番が近くやったから、いっき来てくいやっと」

「そうか」

「一度、包丁を投げようとしたことがあったど」

「包丁ッ」

「そしたらふたいともひっ魂《たま》がってな*」

伊藤さんは笑った。

「いま思い出すと、おかしか。たまたま手にしておったとを。ほんとに投《な》ぐいもんや*」

伊藤さんの顔が生き生きしていた。

「おかげで声は太なるし、腹は据わるし、色気なんかなかったど」

ひっ魂がって：「ひどく驚いて」
投ぐいもんや：「投げはしないよ」

そんな彼女の向かい側に座っている永山文江《ながやまふみえ》さんは、伊藤さんに一目置いていた。というより警戒しておられた。

潔癖症の永山さんは独り言をぶつぶつ言う癖があるのだが、あのときも長い間ぶつぶつ言っていた。何を言っているかは聞きとれなかったが、わたしも気になっていたのだった。

テレビを見ていた伊藤さんがちらりと永山さんを見た。

目の前でぶつぶつやられて、彼女はイライラしていたのだった。

ついに伊藤さんがひと言いった。

「いいかげんにせんや」

その口調の厳しさに永山さんがびっくりして背筋を伸ばした。見ていたわたしも驚いてしまった。が、なにかさっぱりした気持ちよさがあった。永山さんも背筋を伸ばしたあとは、けろりとしておられた。独り言は止まってしまった。

伊藤さんは89歳。

年齢には勝てない。

足腰が弱くなり車椅子生活だった。

また長年のヘビースモークで絶えず咳きこまれ痰《たん》を出しておられた。

「タバコは1日3本。あの施設長は女子《おなご》んくせ厳しかな」

2階へのエレベーターのなかで伊藤さんはときどきそんなことを言った。

「先生の指示でな。伊藤さんのためにな」

「ばあさんじゃが、いつでん、け死んでよかっじゃが。*もうたくさんい い思いをした。もう疲れた」

そういう彼女の耳元にちょっと口を寄せて、「あとで、首を、絞めて やろか」と小声に言うと、伊藤さんは声を出して笑うのだった。

伊藤さんだから言える冗談だった。

他の入居者には言えない。まっして施設長の吉永さんに聞かれるわけにはいかない。聞かれたら、「やめてください。そんな冗談は」と厳しい顔をされただろう。

「はんな駄目を。*ケンさんならよか」

顔に笑いを残したまま伊藤さんは言った。


いつでん、け死んでよかっじゃが：「いつ死んでもいいのよ」

はんな駄目を：「あんたは駄目よ」

「誰な？　隣のおじさんや」

「映画俳優よ、よか男がおるがな」

「俺よっか、よか男や」

「まこて、はんな*、面白とかこと言うな」

伊藤さんはまた笑った。

その笑い声を聞くとこちらも気持ちが軽くなる。

介護していることが苦にならなくなる。


彼女の居室に入り、明かりをつけて車椅子をベッドに寄せてあげる。

伊藤さんは自力でベッドに乗り移り、「今日も一日、終わった」と言う。北側のひんやりした部屋に安堵《あんど》したものが漂う。

そして、伊藤さんは「そこん引出しから財布を出して*くれんや」と言うことがあった。

最初のとき、えっ、と思った。

「なよ、すっと*、店はなかど*」

「よかっじゃが、早よ出してよ」


まこて、はんな：「ほんとうにあんたは」

引出しから財布を出して：施設で入居者のお金が盗まれることがある。ときどきニュースで報じられる。犯人は職員であることが多い。また年金や預金が狙われる。狙っているのは家族である。新たな問題としてマイナ保険証の管理がある。施設ではマイナ保険証、暗証番号を預かることになるが、職員に悪用される危険性がある。「暗証番号は勝手に歩きだす」その管理が大きな課題となる。

なよ、すっと：「なにをするの」。怒ったお年寄

お金の勘定でもするのかと財布を取り出してあげると、伊藤さんは数千円しか入っていない財布から1000円札を1枚取り出して、わたしのほうに差し出される。

「はんに*あげるからな。いつもよくしてくれるからな」と差し出される。

「よかっじゃが、よかっじゃが、そげん気を遣こやんな」と言うと、伊藤さんはわたしの手を取り、「気持ちじゃが、気持ち」と、痩せた冷たい指でわたしの手のなかに1000円札をねじ込んでくれるのだった。

彼女はときどきそうやってお金をくれた。

最初は戸惑った。

施設長の吉永さんに報告すると、「受けとっておいてください。日誌に記録して、わたしに渡してくれますか」と言った。

「彼女は生保ですから、一応、きちんと管理しておきたいのです」とのことだった。

伊藤さんが生活保護*受給者だということは居室の位置で分かっていた。

その施設では北側の部屋を生活保護者用にしていた。

りによく言われた。ここでは単純に物事を尋ねているだけ。

店はなかど：「店はないよ」

はんに：「あんたに」

生活保護：あるグループホームに生活保護受給者が2人いた。その施設が料金体系の違う介護付有料老人ホームに吸収合併されたとき、2人は冷遇された。2人の朝食のおかずはみそ汁とふりかけだけになった。初めてその朝食を出したとき、男性の顔から血の気が引いた。みんなの前で恥ずかしい思いをされた。女性のほうは認知症気味だったのでいつもと変わらぬ顔をしておられた。

北側の部屋は日当たりが悪いばかりでなく窓の外には隣の大きな倉庫の屋根が見えるだけだった。空も少ししか見えなかった。

伊藤さんが朝、入れ歯を忘れたことがあった。

朝食のテーブルについたあとで、「入れ歯を忘れた」と言われた。見ると口元が小さくかわいらしくなっていた。思わず笑ってしまった。が、ホールに誘導するとき確認をしなかったわたしの責任だと思いながらも、「また、忘れたとー」と叱る。

「ははは っ」

入居者9人がテーブルにつき、朝食を待っている。

なるべく温かいものをと食事は配膳直前に盛りつけるので、その盛りつけがある。認知症の福田サヨさんが箸でテーブルを叩いている。元社長の森山栄二さんが「腹減ったどー」と笑っている。

わたしは2階への階段を駆け上った。

小型のタンスのうえの入れ歯入れを見た。空っぽだった。

ないっ。この忙しいときに。

あたりを見回す。

枕を上げて見る。掛け布団をめくって見る。ベッドのしたを見る。

どこにもない。

小型のタンスの引出しを開けていく。どこにもない。ためらいながら伊藤さんが財布を入れている引出しを開けた。と、ティシュにくるんだ入れ歯が財布の横にあった。

あの、バカッ。

１階に駆け下り、水で入れ歯を洗って伊藤さんに渡す。

この際濡れて冷たくても構うものかと渡す。

「ありがとな。でもよう見つけたな」

「知っとったのや*」

「どこいやったか忘れたとを*」

「この、バカッ」

「はははっ」

「ははは、じゃないぞ。朝の忙しいときに」

朝、ひとりで９人の面倒を見るということはたいへんなことなのだ。

知っとったのや：「知っていたの？」

どこいやったか忘れたとを：「どこに置いたのか忘れたのよ」

それも普通の人たちではないのだ。

手足はこわばり*不自由になり、脳もこわばり大なり小なり認知症である。

次第に赤ん坊に戻っていく人たちである。

言葉が通じない、常識が通じない人たちである。

そうでなくても集団生活のなかでそれなりのストレスを感じている人たちである。

その9人の人たちの起床から更衣、トイレ、洗面、ホールへの誘導、朝食の準備、配膳と目の回る忙しさである。

イレズミ男の上村辰夫さんに朝食前の血糖検査をさせ、インスリンの自己注射をさせなければならない。樋口フジ子さんや永山文江さんは食前の薬がある。と思いきや福田サヨさんは湯飲みのお茶をこぼしたり、瀬戸物の箸置きを口のなかに入れたりするので目が離せない。介助の必要な前田安子さんや樋口フジ子さんがトイレなどと言おうものなら、もう手順は完全に狂ってしまう。なんで、さっき連れていったときしな

手足はこわばり：運動をしないと筋肉が減っていく。関節もこわばってしまう。箸を握ったり衣服のボタンの掛け外しもできなくなる。脳もこわばってくる。マジックテープ式のボタンや、お年寄りが着脱しやすい衣服があるが、それでも体の不自由な人の更衣介助は技術が必要だった。

かったのと怒鳴りたくなる。

そんな9人の世話を朝はひとりで分刻みでやっているのだ。

8時半までにはみんなの朝食を済ませ後片付けまで済ませておかなければならない。そうしなければ施設長の吉永さんに怒られる。「まだ終わってないんですか。デイが始められません」と怒られる。そんなときに「歯を忘れた」である。


伊藤さんの介護は手がかからなかった。

車椅子を使っているとはいえ、夜はポータブルトイレ*を自分で使っておられたし、着替えや朝の洗面も自分でやっておられた。

ただ、一度床にひっくり返られたことがあった。

何時だったか、夜中にドタンと音がした。

夜、夜勤者の耳は敏感になっている。

なにごとッ、と息をのみ、詰所から飛び出した。

永山文江さんの部屋を覗く。

永山さんはダックスフントのぬいぐるみを抱いて寝息をたてておられ

ポータブルトイレ：肘掛け椅子型のトイレ。介護用品。排泄物はバケツに溜まる。蓋をしても部屋に臭気が漂う。自分のみじめさをいつも感じていなければならない。認知症でもなければ使うことをためらってしまう。

る。

向かい側の伊藤さんの部屋を覗く。

と、常夜灯*のうす明かりのしたで彼女が床にひっくり返っていた。亀のようにひっくり返り、わたしの姿を見ると、「あっははは っ」と笑った。哀れな姿にこちらも笑ってしまった。

「なよ、したと」

「見れば分かっどが、早よ、起こしてよ」

「まこて、じっと寝ておらんや*」

「しょん便の、すごたったとを*」

そういえばパジャマのズボンがずれ、腰骨のあたりが覗いている。

「済んだっじゃ」

「こいからを」

抱きかかえてポータブルトイレに座らせる。

「頭は打たんかったや」

怪我や骨折の有無を確認する。

「どっか、痛かとこは無かや」

常夜灯：明かりは夜間の安否確認のために必要だった。が、真っ暗でないと眠れないという人もいた。小型の懐中電灯を持って巡視したが、他人の寝顔を懐中電灯で照らすことには戸惑いがあった。

まこて、じっと寝ておらんや：「お願いだから、おとなしく寝ていなさいよ」。夜中に目覚めたお年寄りはなにをしだすか分からない。退屈まぎれに部屋から出てきて厨房や浴室に入ろうとされる。他人の部屋に入ろうとされる。あるいは夜勤者を呼びつけて、あれやれ、これやれと命令される。

中腰になりかけた伊藤さんが怒鳴った。

「女子《おなご》がしょん便のすったぁど、早よ、行かんや」

おおっ、と思う。

「そしこ、元気があればよかッ」

わたしも言い返して、部屋を出たのだった。


2月初め、伊藤さんの様子がおかしかった。

数日前の夜勤のときいつもの元気がなく、「てそか*」と言われた。そして、「はんが、泊まりでよかった」と言っておられたが、そのあと急激に落ちこまれたようだった。

夕食に手をつけず車椅子のうえでぐったりとしておられた。

目を閉じた顔に温かみがなかった。

「昨日からなのよ」

施設長の吉永さんは伊藤さんの顔を覗きこんだ。

「ね、お腹空いていないの、食べないの」と施設長がやさしく声をかけても反応はなかった。声が聞こえている様子がなかった。


しょん便の、すごたったとを：「しょん便を、したかったのよ」

てそか：「疲れた」

「病院は？」

「今日、往診してもらったの*」

他の8人は忙しそうに夕食を食べていた。

カチャカチャと食器の音がしていた。

認知症の福田サヨさんが煮物のサトイモを床に落として、元社長の森山栄二さんが、「ほら、落としたどー」と太い声を出した。

記録を書いていたケアマネジャー*の田中真奈美《たなかまなみ》さんが小部屋から出てきて、「寝かせたほうがいいんじゃないかな」と言った。

「薬も飲まなかったな。水分だけでも摂ってほしかったな」

そう言ってかがんだ施設長が、伊藤さんの口元に湯飲みを持っていっても彼女の唇は動かなかった。

向かい側の席の永山文江さんが箸の手を止めて心配そうに見た。

2階の居室に連れて行き、ケアマネジャーの田中真奈美さんとふたりでベッドに寝かせた。

「今夜は気をつけてくださいね」

往診してもらった：老人ホームは医療機関と協力関係にある。そして、そこには取引が存在する。老人ホームは医療機関に入居者を紹介してもらう。医療機関は入居者を診察に寄越すように依頼する。

ケアマネジャー：ケアマネのこと。介護サービスを受けるときケアプランを作ってくれる人。誰に相談したらいいの、何を相談したらいいの、という窓口がケアマネである。正式には介護支援専門員であり、介護福祉士や看護師などを5年以上経験した人が受験資格がある。

田中さんは心配そうな声で言った。

１時間ごとに部屋を覗いた*。

いつもはドアの所から覗くだけでよかったが、その夜はベッドのそばに立って常夜灯の明かりで伊藤さんの顔を見た。

老いた89歳の寝顔。

彼女の寝顔を間近に見ながら、人の顔の不思議さにとらわれてしまう。伊藤さんの人生のすべてがこびりついているとはいえ、表情の無くなった顔は動物である。

この人は、いったい誰なのだろうとその寝顔を見る。

パッド交換は寝かせるとき、ケアマネジャーの田中さんがしてくれていた。

「２枚重ねにしておきますね。それで朝まで持つと思うわ」

そして、

「とにかく眠ってもらうことね。容体がおかしくなったら施設長か看護師の鈴木《すずき》さんに連絡してくださいね」と言っていた。

１時間ごとに部屋を覗いた：通常は21時、24時、そして5時に巡視する。パッド交換やトイレ誘導、体位変換（58頁注参照）などを行なう。真夜中、入居者の老いた寝顔を見ると不思議な感覚に陥ることがある。この人はたったこれだけのために生きてきたのだろうか、と思ってしまう。

午後11時。

「伊藤さん」と声をかけてみた。

か細い呼吸の音がするだけだった。なんの反応もなかった。

小人の話はどんな続きがあるのだろうかと思う。


午前0時。

外には闇が広がり、近くの運送会社の集配場の物音もしなくなっていた。

まるぽちゃの認知症の福田サヨさんの部屋から男のようないびきが聞こえてくる。睡眠時無呼吸症でときどき途切れる。

永山文江さんの部屋からも軽いいびきの音が聞こえてくる。

みんな動物になって眠っておられる。

窓の外の三日月がとても冷たく見えた。

夜はまだまだ深まっていく。

単独勤務の夜勤者*がとり残されたさびしさを感じるときである。

入れ歯を外した伊藤さんの口元が小さく縮んでいる。

単独勤務の夜勤者：単独勤務の場合、すべて自分の判断で対処しなければならない。入居者がみんな眠ってしまうと孤独感に襲われてしまう。この世に自分がひとり取り残されたような孤独感に襲われてしまう。星空が冷たく見える。そんなとき夜が明け始めるとほっとする。

体位変換：体力を失ったお年寄りは寝返りもできない。褥瘡（じょくそう）の予防のために何時間かおきに体の向きを変えてあげなければならない。真夜中、眠っておられる体をあっちに向けたり、こっちに向けたり物を動かしているようである。

「伊藤さん」と、小声に呼んでみたが、なんの反応もなかった。

他の8人の部屋を見回り、それぞれパッド交換、体位変換*などを済ませてわたしは仮眠に入った。

午前4時*。目覚ましの音で起き出した。

まず伊藤さんの部屋に行った。

なにか静かすぎる気がした。部屋の隅のうす暗い静かさが部屋中に広がっていた。

ベッドのそばに立ち、常夜灯の明かりで伊藤さんの顔を見た。その顔が固く静かすぎる*。

手のひらを伊藤さんの口元にかざしてみる。呼気が感じられなかった。そのまま顔に触ると、ほお骨のあたりが冷たくなっていた。まさかと思いながら脈を探して首筋に触り、さらに手首も取ってみたが、脈はどこにも触れなかった。それればかりか冷たさがまだらのように広がっていた。

肌着の胸元から手を差しいれてみた。形のなくなった乳房に触れただ

午前4時：入居者の多い特養では朝の起床、トイレ介助を4時ごろから始める。早出が出勤してくる8時までは戦争状態である。入居者15人くらいでも夜勤者がひとりだと朝4時過ぎには起床、トイレ介助を始めなければならない。夜勤者もつらい。早くから起こされる入居者もつらい。

その顔が固く静かすぎる：特養では看取りが行なわれており、週に2、3人の人が亡くなっていった。一晩に3人亡くなったこともあった。人の寝顔には表情はないが温かみがある。かすかな動きがある。死んだ人の顔は固まっている。冷たい重たさがある。手が届かなくなった神秘があった。

けだった。

「伊藤さん、伊藤ミネさん」

頬を叩いたが、なんの反応もなかった。

体を揺さぶったが、なんの反応もなかった。

頬を叩いて、もう一度体を揺さぶってみた。

なんの反応もなかった。


午前4時20分。

施設長の吉永さんに電話をした。

「携帯はいつも枕元に置いていますからね」、と言っていた施設長は4、5回のコールで出た。

「か、川島です」

「なにか、ありましたか」

眠たげな声が聞こえてきた。

「伊藤さんが、亡くなっている」

「えッ」

「い、息をしていないのよ。脈も触れないのよ。顔が冷たいし、体のあちらこちらが冷たくなっている」

「ええッー」

悲鳴のような施設長の声に、わたしは初めて伊藤ミネさんが死んだことを実感した。

「すぐに行きます。そのままにしておいてください。何もしなくていいです」

施設長が体を起こしたようだった。

「どれくらいで来れそう」

「40分くらいで行きます。その前に近くの看護師の鈴木照美《てるみ》さんが行きます。社長も行きます。玄関のカギ*を開けておいてください」

施設長はひと息入れた。そして、

「他の入居者に気づかれないように*してくださいね」と言って電話を切った。

数日前の「はんが、泊まりでよかった」が、わたしが聞いた伊藤ミネさんの最後の言葉だった。

玄関のカギ：あるグループホームで玄関のカギを掛けさせてくれなかった。認知症の人が外に出たらたいへんなことになる。行方不明、行き倒れ、交通事故。やむをえないので玄関に傘とちり箱を置いて対処した。

他の入居者に気づかれないように：入居者の誰かが亡くなってもみんなはほとんど動揺しなかった。大なり小なりボケておられるので感受性が鈍いのだ。認知症とはまさに死の不安を感じないで死んでいくためのものかもしれない。有吉佐和子の『恍惚の人』である。

第4章

刑務所帰りの竹下ミヨ子さん

一杯飲み屋の女将だった伊藤ミネさんが亡くなったあと、その部屋に新しい女性が入居した。伊藤さんが亡くなり1カ月も経たないときだった。

竹下《たけした》ミヨ子さん、48歳。刑務所帰りだった。

「ほんとに刑務所入っていたの」

残業をしていたケアマネジャーの田中真奈美さんに尋ねると、

「ご主人を殺したらしいの、殺人よ。内緒ですよ*」と教えてくれた。

「人殺し？」

「ご主人が悪いらしいの。DV*ですよ」

長い刑務所暮らしのためか、竹下さんは体も心もぼろぼろになっていた。

前歯が2、3本抜けており、口の動きがだらしなかった。足腰が弱くなっており介助なしには立つことができなかった。車椅子のうえで上体や手がゆらゆらと揺れ、投げやりだった。

突然天井を見あげて笑うこともあった。

最初、イレズミ男の上村辰夫さんも、元社長の森山栄二さんも驚いて

内緒ですよ：不都合な情報はいつも「内緒ですよ」で広まる。

DV：Domestic Violence 家庭内暴力。配偶者、恋人など親密な関係にある人、あった人からの暴力。

いた。認知症の福田サヨさんは一緒になって笑っていた。
「おいおい、この女たちだいじょうぶかよ」と、森山栄二さんが言い、
「気にしなくていいですよ」と、施設長の吉永清美さんが言うのだった。
そして「みんなも一緒に笑おうか」と言うのだった。
「まだ若いんじゃないの。元はいい顔をしているのにね。もったいない
ね」と上村さんが言った。

竹下さんの話し方はきちんとした文脈になっていなかった。

途切れ途切れであり、子どものように単語だけを並べたりし、短く言
うことが多かった。

「あれっ、あれっ」

「何？　あれって、何っ？　はっきり言って」

施設長の吉永さんがちょっと声音を高める。

「この女の言う、あれって決まっているじゃない」

隣の席に座っているイレズミ男の上村さんが口を挟む。彼は卑猥なこ
とを考えている。向かい側の席で、いつもうつむいたままの樋口《ひぐち》フジ子

さんが、下を見たまま笑っている。彼女は竹下さんが何を欲しがっているか分かっているのだ。

竹下さんは体を揺らし、「あれっ、あれっ」と言いながら手でスプーンを使う真似をした。

夕食のとき、わたしがスプーン*を渡し忘れたときだった。

手が震え、みそ汁など手で持って口に運ぶことができないのだ。

「はっきり言って」

「あれっ」

「スプーンでしょ」

「そ、そぅ」

「そうじゃないでしょう。スプーンと言わないと渡さないよ」と言いながら、施設長は厨房からスプーンを持ってきて、そして「はい、スプーン」と渡した。

竹下さんは上体を揺らしながら、「あ、り、が、と」と言ぅ。

すぐにカチャカチャとスプーンと食器の触れる音がし始める。

それからが目が離せない。体を揺らすので、手にした食器も揺れる。

スプーン：お年寄りのための食器がいろいろある。握りやすいスプーンもある。が、お年寄りの食事には動物的なものがある。ごはんとおかずを混ぜあわせ、見るも無惨なものにして、スプーンでカチャカチャと音をたてて口のなかにかき込まれる。テーブルには奇妙な混ぜごはんが飛び散る。それを見たらしばらくは食欲を失ってしまう。

ごはんがこぼれる。みそ汁がお椀のなかで波打つ。施設長の吉永さんもはらはらしながら見守る。

「こら、体を揺さぶらないの。揺さぶるならお椀を置いて」

竹下さんが前歯のない口を開けて笑う。

「竹下さんって、ほんと目が離せないね」

向かい側では樋口フジ子さんがごはんを手づかみにする。

「こらっ、誰がそんなこと、していいって言ったの」

突然、施設長の口調が厳しくなる。

樋口さんはうつむいたまま悲しい顔になる。

まるぽちゃの認知症の福田サヨさんはにこにこして元社長の森山栄二さんを見ている。真向かいの森山栄二さんは箸の手を休めて、「うん、かわいいよ」と言っている。

竹下さんのたてるスプーンと食器の音がけたたましくなる。

テーブルのうえにごはんや煮魚が散らばる。彼女の胸元や膝のうえに、そして床に散らばる。スタッフは余分な仕事を増やしてくれると思いながらも見守るしかない。衣服にこびりついたごはん粒*を取るのはひ

こびりついたごはん粒：子どものころ糊の代わりにごはん粒を使っていた。衣服についたごはん粒は糊である。はたいても簡単に落ちない。一粒一粒つまんで取るしかなかった。エプロンはナイロン地であり、一枚物なので衣服よりは扱いやすかった。

と手間である。あとになってエプロンを使うようになったが、それでも彼女の周りは汚らしくなった。

そして夜、彼女の部屋は足の踏み場もなく散らかるのだった。ゴトゴトと音がし、ベッドから這い出した竹下さんが小型のタンスから衣服を全部引っぱり出し、床に広げるからだ。スタッフがそれをきれいに畳んでタンスにしまってあげても、つぎの夜になるとまたゴトゴトと音がし、引っぱり出しが始まる。そして衣服を床に広げるのだった。足腰の立たない竹下さんは、床に這いずりながらそれをやっていた。「やめんな」と言っても、聞こえたのか聞こえないのか、構わずに引っぱり出しを続ける。引っぱり出したものを、わたしがタンスに戻そうとすると、何も言わずに手を振りまわし暴れだす。仕方がないので、翌日、彼女をホールに誘導したあと、昼間のスタッフが片付けなければならなかった。

が、それも夜になると、またゴトゴトと音がし引っぱり出しが始まる。スタッフはまた仕分けをし、きちんと畳んでタンスに戻すのだったが、最後には畳まずに仕分けだけしてタンスに入れるようになった。

　あるとき小型のタンスがひっくり返っていた。

　竹下さんのうえに倒れ込み、彼女は額を怪我していた。助け起こしながら、「何をしたの」と叱っても彼女は前歯のない口で笑っただけだった。額から出た血が手についていた。よほど痛かったのか、それからしばらくは衣服の引っぱり出しはしなかった。

「どうしてあんなことをするのかな」

　施設長の吉永さんに尋ねると、彼女は、

「唯一の持ち物だからじゃないの」と言った。

「彼女、他に、なんにも持っていないでしょ。それを盗られていないか心配なのよ」と言った。

　わたしは、「刑務所暮らしでは……」と言いかけて口をつぐんだ。そして、「かわいそうといえばかわいそうね」と言った。

「それもいい服は何も持ってないのよ。普段着と着古した肌着だけなのにね」

施設に入っている人の生活は断捨離である。

極めつきの断捨離である。

病院に入院したときと同じで、最小限の身のまわりの物だけ。コップや歯ブラシなどの洗面用具、肌着に普段着、抱き枕、ときどき小型のラジオや数冊の本、1本のボールペンを持っている程度である。

ただ多くの入居者には家族があり、帰ることのできる家がある。アルバムや思い出もある。が、竹下さんは本当に何も持っていなかったのだ。グループホームの生活がすべてであり、懐かしい思い出すら持っていなかったのだ。

グループホームでは入居者同士話をすること*はあまりない。

みんな大なり小なり認知症。相手の気持ちを察することができないので、お互い勝手に話し、会話が成りたたないのだ。だから自分の言葉を受けとめてくれるスタッフに話しかける。思えば小学1年生のようなところがあった。

竹下さんは特にその傾向が強かった。

入居者同士話をする：おしゃべりはやりとりである。相手が自分の気持ちを受けとめていると感じたとき楽しくなる。お年寄りはいろんなことに無関心になっておられる。他人への関心などないので会話は成立しない。お年寄りの関心は寝ること、食べること、そして、出た、出ない、である。

彼女が話をするのはスタッフに対してだけだった。

それも男性のわたしによく話しかけているようだった。

が、竹下さんはわたしに卑猥なことを話したがった。イレズミ男の上村さんどころではなかった。

夕食の配膳で彼女に近づいたとき、彼女の手がわたしの下腹部に触れたことがあった。偶然かなと思ったが、彼女は意図的に触っていたのだった。そして卑猥な言葉が続いた。

「……い、いれる」とか言った。

わたしはお盆に載せたみそ汁に集中していたので、その言葉が聞きとれなかった。とっさに、「なんて言った?」と施設長の吉永さんに尋ねると、彼女は顔を赤らめてしまった。そして、「女のわたしにはとても言えません」と言った。

さらに、施設長は、

「川島さん、彼女に気にいられたみたいですよ」と言った。

「女性にはあんなに話しかけないもの。それにあんなことを言うのは川島さんに対してだけだもの」と言った。

あのとき竹下さんの言葉よりも、施設長の一瞬赤らんだ顔にわたしは惹かれてしまった。

竹下さんは体を揺らしながら笑っていた。

前歯の無くなった口で笑われると気がひけてしまう。

が、10年以上刑務所暮らしをし、接する男は刑務官だけだったのではと思うとかわいそうなものがあった。監視し、命令してくる男たちである。彼女の気持ちを受けとめてくれる男たちはどこにもいなかったのだ。


真夜中、彼女が廊下を這っていたことがあった。

仮眠中の耳にドアを開ける音は聞こえてはいたが、誰かがトイレに行ったのだろうと思った。うつらうつらしている耳にゴソゴソと音が聞こえ、はて、と目を覚ました。

ゴソッ、ゴソッ。

足音ではなかった。

こちらのほうに向かっていた。

耳慣れない音に気味が悪くなり、飛び起きて詰所の窓から廊下を見た。

うす暗い廊下の向こうに黒い固まり。竹下さんが廊下に四つん這いになっていた。詰所を出て廊下の明かりをつけると、彼女が動物のように床に四つん這いになっていた。

「何してんのよ」

真夜中の静けさのなかで、竹下さんの顔が笑った。

「何、しているの」

「ミ、ミ」

「びっくりさせないでよ。コールボタンを押してよ」

「ミミ、ズ」

「水？　コールボタンを押してよ。びっくりするじゃない。いまあげるから部屋に戻って」

床に這っている竹下さんの体の向きを変える。のろのろとした動きに、亀と遊んでいるような気持ちになる。

「よかや、引くぞ」

彼女の体が部屋のほうに向いたとき、両手を取って引きずった。骨だけの体は手足がばらばらになるのではと思われた。

真夜中にこんな遊びをやっているのかと思いながら竹下さんを引きずった。

竹下さんは膝で滑りながら笑っていた。

朝、施設長の吉永さんに話すと、「川島さんの顔を見たかったんじゃないの」と笑った。

彼女が、突然「うあああっ」と声をあげ、けいれんを起こすようになった。

最初、いつもの笑い声かと思ったが、見ると車椅子のうえで伸ばした足が震えていた。何ごとかと思った瞬間、悲鳴もけいれんも治まっていた。てんかん*の発作に似ており、そのけいれんは断末魔の苦しみのようで恐かった。人が苦しみ悶えながら死ぬのを見ることは恐いことだと思う。

施設長に報告した。

「突然だし、びっくりするよ」

「笑っているんじゃなくて」

てんかん：脳内の異常な電気的な刺激が原因。異常な匂いや音を感じたり、けいれんの症状がある。てんかんそのものによる命の危険性はないが、転倒などによる危険性はある。ロシアの文豪ドストエフスキーはてんかん発作のまえに恍惚感に襲われていた。それが彼の文学に大きく影響したと言われている。

「違う、けいれんしている」

「そんなときは肩を押さえてあげて。力強く押さえて落ち着かせてあげて」

そのときまで施設長も他のスタッフも、そのけいれんを見ていなかった。ファイルにも記録はなかった。偶然だったと思われるが、わたしのときだけその発作が出るようで2、3回見ていた。

夕食のあとで竹下さんの車椅子を押していたとき、階段下のうす暗がりでその発作が出た。

「うあああっー、うあああっ」

竹下さんは天井を向き、車椅子のうえで足を伸ばし下半身をけいれんさせた。いままでよりも声が大きく、けいれんしている時間も長かった。

ホールのほうに「どうしたッ」と元社長の森山栄二さんの声。

「見て、この発作よ」

ちょうど2階から階段を下りてきた施設長の吉永さんに言った。

「竹下さんッ、しっかりしてッ」

施設長が叫んだ。

竹下さんの耳には聞こえていなかった。

仰向けで、「うあああっー」の声が続き、下半身のけいれんが続いていた。いよいよと思った。

「肩を押さえてッ」

施設長の強い言葉に、わたしは竹下さんの肩を押さえた。

竹下さんのけいれんが手に伝わってきた。

だめだッ、と思ったときけいれんは治まった。

みんながいるホールのほうが静まり返っていた。

けいれんの治まった竹下さんは体から力が抜け疲れたような顔をしていた。

「どうしたッ」

また森山栄二さんの声がホールのほうから聞こえた。

「なんでもないわよ*。だいじょうぶよ」

施設長の吉永さんが答えた。

翌日、竹下ミヨ子さんは入院のために退居した*。

なんでもないわよ：竹下ミヨ子さんを居室に連れていったあと、みんなはもうなんの関心も示さなかった。「どうされたの」の一言もなかった。物事への関心が無くなっていく。それが歳をとるということだろうか。

入院のために退居した：高級老人ホーム探しのポイントのひとつが看取りをしてくれるかどうかである。金持ちは住みなれた所で死にたいからだ。庶民は施設であろうと病院であろうとベッドのうえで死ねるだけでありがたい。元社長の森山栄二さんは看取りのために入院され病院で亡くなられた。延命治療をしないということだったので病院ではただ寝かしておくだけだったらしい。食事はもちろん点滴もせず水すらも与えない。死ぬのをただ「見ている」だけだったらしい。

第5章

元社長の森山栄二さん

「森山さんとサヨさんを、ふたりきりにしないでくださいね」

施設長の吉永清美さんが言った。

足が不自由で車椅子を使っていた森山栄二さん、83歳。福岡のほうで小さな運送会社を経営していた人である。身長はそれほどなかったがちょっと骨太の体で、頭はきれいに禿《は》げていた。緑内障*の眼薬を差すとき、剝き出しになった眼球がギョロギョロと動くと気味悪いものがあった。が、気さくでいかにも下町の社長といった感じだった。茶を大きな湯飲みで音をたてて啜《すす》っておられた。

男性が入居すると聞いたとき、それまで男ひとりで気楽に振るまっていたイレズミ男の上村辰夫さんとの関係が気になった。

女同士でも衝突するのだが、男同士はもっと衝突しやすい。女同士の衝突は感情的なこぜりあいであるが、男同士は突然声を荒げ手足が動く。が、施設長の吉永さんはそのふたりを隣あわせに座らせた。

わたしは心配したが意外とふたりは朝夕の挨拶などなごやかにやっておられた。最初から隣あわせにした施設長のやり方がうまくいったようだった。

緑内障：眼圧があがり視神経が圧迫され視力が失われるもの。白内障に続く失明の原因。点眼薬、内服薬で眼圧を下げる。眼科で圧縮空気を目に吹きつけられることがあるが眼圧の検査であり緑内障の検査である。

そんな森山栄二さんがまるぽちゃの認知症の福田サヨさんに恋をした*のである。

施設長の吉永さんの言葉に察しはついたが、「どうしたの」と尋ねてみた。

「サヨさんにいたずらをするんです」と施設長は言った。

テーブルで真向かいに座っているふたりは、食事のときいつも顔を見あっていた。森山さんが目を細めて「うん、かわいいよ」と言うことがあった。

一方、福田サヨさんは自分が誰で、どこに居るかも分からない認知症である。付き添ってあげれば自力で歩くことができる。

が、何があっても丸い顔でにこにこしているだけ。尿意をもよおしてもトイレと言うことができない。

食事のとき箸の動きが止まり、顔が真剣になったと思った瞬間、体がブルブルッと震える。ズボンの内側から濡れが広がり始める。椅子を濡らし、床に滴り、水溜まりができて福田サヨさんのブルブルッは治まる。

そしてさっぱりした彼女は再びにこにこしている。

恋をした：何歳になっても人に愛されたい。恋をしたいだろうか。自然なことではないだろうか。終わりが見えている人生で社会的な制約は最小限にできないだろうか。もしかするとドイツやオランダ、スウェーデンなど精神的な先進国ではこうした点は自由になっているかもしれない。

スタッフはにこにこなどしておれない。

それから後始末である。

まず彼女をトイレに誘導し、2階のタンスから着替えを引っ張り出してきて濡れた衣服や靴を替えなければならない。そして椅子や床の拭き掃除をし、消毒し*、濡れた靴や衣服の洗濯とたくさんの仕事をしなければならない。

「バカッ、なんで言わないの」と怒っても福田サヨさんはにこにこしている。

丸い顔がかわいらしいからといって、とても恋心など抱ける相手ではない。


彼女を2階に誘導するとき、エレベーター*のドアが開いても乗ろうとしない。「はい、乗って」と声かけをすると、彼女はわたしの顔を見て、ははは、と笑う。「笑っている場合じゃないの」と少し乱暴に背中を押して、3人乗りの小さなエレベーターの箱に彼女を押しこむ。

彼女はそこら中のものに触る。

消毒し：コロナ禍以後、あらゆる所を消毒するようになった。手指に始まり、ドアノブ、洗面所周辺、テーブル、椅子、ボールペンまで消毒するようになった。そのため介護者は消毒液の入った小型の容器を腰にくくりつけている。潔癖症のわたしが密かにやっていたことを、みんなが当たり前にやるようになった。ただし噴霧した消毒液を吸い込んではならない。

エレベーター：2階建ての施設ではエレベーターが設置してあった。認知症の人はいたずらをする。すべてのボタンを押したり、非常用の電話の受話器を取ってしまう。管理センターは、「またか」と呆れている。

まねをしてエレベーターのボタンを押そうとする。こらっ、とその手を叩く。非常電話の受話器を取ろうとする。こらっ、とその手を叩く。手を叩かれても、彼女はわたしの顔を見て、うれしそうににこにこしている。

そしてわたしと向かいあわせになると、体を寄せてきてシャツの胸元に触る。ダメッ、とさらに強く彼女の手を叩いてドアのほうを向かせる。目の前のドアを見て彼女はにこにこしている。

そんなさまを見ていると、彼女は殺されるときでもにこにこしているのではと思ってしまう。

自分の想像に恐いものがあるが、それは彼女の部屋に入ったとき具体的な想像になってしまう。

彼女のベッドは窓のそばにあり、窓が開いているとちょっと危険なものを感じるのだが、その窓から彼女を突き落としたらと想像してしまうのだ。自分でも恐ろしいことを考えると思いながらも、にこにこしながら落ちていく彼女の姿が見えてしまうのである。

そして認知症とは、もしかすると人が死を恐れずに幸せに死んでいく方法*なのかもしれないと思ってしまうのだった。

その福田サヨさんに元社長の森山栄二さんが恋をしたのである。

ついにわたしもふたりの現場を見てしまった。

夕食が済むと口腔ケアが済んだ人から順に2階の居室に誘導するのだが、うっかり森山栄二さんと福田サヨさんをふたりだけにしてしまった。わたしがホールに戻ったとき、車椅子で福田サヨさんに近づいていった森山栄二さんが彼女の手を握っていたのだった。そしてふたりの顔がくっついていたのだった。

おそらく施設長も同じような場面を見たのだろう。

そして、「何してんのッ」と怒鳴ったのだろう。

福田サヨさんはいつものにこにこ顔で、森山さんとほっぺたをくっつけあっていた。その日、施設長の吉永さんはすでに帰っていたので大事にはならなかった。

「こらこら、何をしているの」

人が死を恐れずに幸せに死んでいく方法：誰しも苦しまずにコロリと死にたい。認知症はコロリではないが、不安、恐怖を感じることなく、ある意味幸せな死に方かもしれない。

わたしの声に森山栄二さんは悪びれた様子もなく顔を離した。

福田サヨさんの手は握ったままだった。

83歳の男と81歳の認知症の女。

あと何年の命だろうと、わたしは考えてしまう。

人間、生きているかぎり、人のやさしさや肌の温かさを求めるものだろうに、30代半ばで独身の施設長の吉永清美さんには理解できなかったのかもしれない。


星ヶ峯《ほしがみね》の特別養護老人ホームでも、同じようなことがあった。

84歳の男性と75歳の女性の恋だった。

大柄な東憲一《ひがしけんいち》さんと左半身麻痺の平野《ひらの》ヒサ子さんだった。

特養とはいっても介護度の低い入居者80人あまりが居るその施設で初めての夜勤のとき、「あのふたりには注意してくださいね」と言われた。

消灯後、娯楽室の物陰でふたりは横になり抱きあっていたということだった。

が、ふたりが食堂で話をしているのを見たとき、わたしはちょっと感動してしまった。ふたりはとても自然で仲良しだったのだ。
咎《とが》めるべきものは何もないと思った。

夜の9時、わたしが食堂の明かりを消しにいくと、ふたりはそれぞれの部屋に戻っていった。廊下を右と左に別れるとき、東憲一さんの声が、「ヒサ子、ゆっくり休んでね」と言い、平野ヒサ子さんが「うん」と答えた。ふたりの声のやわらかさにわたしは心を打たれた。

脳溢血で左半身麻痺*の平野ヒサ子さんは杖をついて長い廊下を歩いていった。東憲一さんは左側に傾いたその後姿を見送り、自分の部屋に入っていった。

平野ヒサ子さんは夜はポータブルトイレを使っている。

朝、わたしがその汚物を片付けるのだが、彼女は自分の汚物を見られることをなんの恥ずかしさもなく受けいれていた。

「ごくろうさま、ありがとう」と、うれしそうに言うのだった。

そんな平野さんの汚物を見ることはためらわれたので、わたしはそれ

脳溢血で左半身麻痺：脳は左脳と右脳に分かれている。左脳は体の右側を、右脳は左側を司っている。生物的な生存の工夫。平野ヒサ子さんは右側の脳に脳溢血があったので、左半身が麻痺していた。なお右脳は感情を司っており、それゆえ芸術や創造的な仕事は右脳から生まれる。

を直視しないようにして片付けた。そして、「たくさん出したね。今日も笑ってがんばらなくちゃ」と声をかけると、「そうか、がんばろうか」と平野さんは言うのだった。そして、「脳溢血でこうなったのよ。だからリハビリでいつも廊下を歩くの。元の体に戻りたい。ちゃんと歩けるようになりたい」と言うのだった。

彼女はベッドにあぐらをかいて、よく雑誌を見ていた。あるとき、「はんな、字を、読んがなっとや*」と言うと、彼女はベッドにひっくり返って笑った。

隣のベッドの折田美江《おりたみえ》さんが、こちらを見ていた。笑いながら「読んがならんどー*」と言った。

それから平野さんが雑誌を手にしていると、わたしは同じ冗談を言い、彼女は同じようにベッドにひっくり返って笑った。

そんな平野さんを笑わせる言葉がもうひとつあった。

「だんなはどうしたの」

わたしが尋ねたとき、「亡くなったのよ。もう10年も前よ」と教えてくれた。わたしはとっさに言ってしまった。

はんな、字を、読んがなっとや：「あなたは字を読むことができるの？」

こんな冗談をわたしは平気で言ってしまう。と、お年寄りは笑ってくれる。笑いが一番である。刺激の少ない老人ホームで貴重なひとときであった。

読んがならんどー：「読めないよー」

「殺したの？」

平野さんはベッドにひっくり返って笑った。そして、

「そうよ、やっちゃったのー」と声をあげた。

それから「だんなはどうしたの」と尋ねるだけでベッドにひっくり返って笑うようになった。

そして隣のベッドの折田美江さん、84歳が、「わたしも仲間に入れてよ」と入ってくるようになった。

「よかど。そいで、はんも、字を読んがならんと？*」と言うと、

「あたいは、読んがなっどー*」と言い、3人で笑った。

「あんたは人気者じゃね」

「笑いが一番を。笑いがみんなの薬を」

あやうく、「恋も」と言いかけたがやめた。

しばらくして折田美江さんは毎朝、洗面台の前でゲルマニウムとかいう怪しげなローラーで顔をごろごろやるようになった。

80過ぎた女性がローラーで顔の手入れをしているさまはちょっと驚きだったが、彼女はどうもわたしを意識した*らしかった。


はんも、字を読んがならんと？：「あなたも字を読めないの？」

あたいは、読んがなっどー：「私は読めるよー」

彼女はどうもわたしを意識した：人は誰でも、何歳になっても恋をしたいのだ。80歳の女性のそれに性的なものはない。人のやさしさを求めているだけである。

「80歳、まだ若いんだから気張って、きれいにならんな、なぁ」と言うと、「うれしいことを言ってくれる」と言って彼女は一生懸命鏡を覗いていた。

平野ヒサ子さんと東憲一さんの恋は、東さんが体調を崩し入院して終わった。が、あれは施設がふたりを引き離すために入院を口実にしたのではと思われた。

彼が退居していくとき、わたしはたまたま玄関先で東憲一さんを見た。見送りは事務長と介護主任のふたりだけだった。

迎えに来たケアマネジャーらしき女性に促され車に乗りながら、東さんは廊下の奥のほうを見ていた。

森山栄二さんと福田サヨさんの現場を見てから数カ月後に分かったのだが、丸い顔でにこにこしている福田サヨさんは森山栄二さんの好みだったのだ。

ショートステイ*で彼の奥さん、ハルコさんが入居してきた。

ショートステイ：老人ホームに短期間入居すること。老人ホームを決めるときのお試し入居。あるいは介護疲れをした家族の息抜きのため。自宅での介護は本人よりも家族が先にまいってしまう。母親を介護していたある女性タレントが心中を図った。父親の墓の前で母親と心中を図りタレントだけが亡くなった。寒い小雨のなか母親は瀕死の状態で発見された。誰もが痛ましく思ったニュースだったのではないだろうか。

奥さんを初めて見たとき、その顔形や体つきが福田サヨさんに似ていたのだった。森山さんが福田サヨさんを好きになったのはこれだったのかと思った。

が、福田サヨさんに恋した森山栄二さんではあったが、ショートステイで入居した奥さんにはほとんど関心はなかった。修羅場があるかと思っていたが、それはなかった。森山さんは機会さえあれば車椅子で福田サヨさんに近づいていって彼女の手を握っていた。奥さんはそれを見ているはずだったが、何事もなかった。

幸いにして奥さんも認知症だったのだ。

その森山ハルコさんは1階の小部屋に入っていた。

気になったのはハルコさんの杖*の置き場所だった。

杖の長さと引き戸の幅が同じ。ハルコさんが杖を引き戸の所に立てかけたら、そして杖が戸の溝に倒れたら。

その心配は的中した。

朝5時前、1階からドンドンと戸を叩く音が聞こえてきた。

杖：伸縮式、折り畳み式、自立式などいろんな種類がある。体力、身体の状況に応じて使いわける。杖を使って階段を上がるとき、「杖－良い方の足－悪い方の足」下りるときは「杖－悪い方の足－良い方の足」とする。

駆けつけると、ハルコさんが叫んでいた。

「開けて、ここを開けて」

ハルコさんがドアを叩いていた。

「どうしたの」と戸に手をかけたが動かない。
2、3センチガタガタするだけだった。しまったー。
「トイレ、トイレ、早く、開けて」

「ハルコさん、杖を取って、杖ッ」

「開けて、トイレー」

「杖を取るの。戸の溝の所、杖を取るの」

「開けてー」

間にあわなかったら悲惨なことになる。

外は明るくなり始めていた。

樋口フジ子さんを起こしトイレ介助をし、着替えをさせる時間だった。建物の外に出てみる。カーテンで部屋の中は見えない。ガラス窓に手を掛けてみる。カギがかかっていて1センチも動かない。ハルコさんがうろうろしている様子がカーテンの隙間からすこし見えるだけである。

「ハルコさん、聞いて。ハルコさんッ」

わたしはガラス窓を叩いて声をあげる。

「ハルコさん、いい、杖を取るの」

「早く、開けて、ここを開けて」

「ハルコさん、聞いて、杖を取るの、杖を取るのよ」

「開けて、開けて、誰かー、ここを開けて」

ハルコさんは戸を叩いている。わたしはガラス窓を叩いている。

「杖を取らんや、杖を」

言葉が乱暴になる。

「開けて、誰か、開けてー」

駆けつけてから30分くらい経っていた。

覚悟する。

間にあわなかったら、どんなことになるか覚悟する。

粗相をしたら、ハルコさんはおそらく自分で始末しようとし衣服を脱いでしまうだろう。そしてそこら中を汚してしまうだろう。床だけでなく、ベッドや壁も汚してしまうだろう。が、それだけのことだと覚悟する。

建物のなかに入り、入口の戸を再びガタガタとやってみる。外から戸は外せない造りになっている。

言葉が通じない。声かけしても疲れるだけである。

と、そのときガタガタしていた戸がすっと開いた。

ハルコさんが目の前に立っていた。右手に杖を握っていた。

とっさに彼女の下半身を見たが濡れていなかった。

「このバカ女ッ」と怒鳴りたくなる。引っぱたきたくなる。*

が、すぐにトイレに駆けつけ、ドアを開け、便座の蓋を開けて、ハルコさんが来るのを待つ。ハルコさんは杖をついて真剣な顔でトイレに向かってきた。

森山栄二さんは、「おい、ハルコ」と妻の名前を呼ぶことはあったが、それ以上の関心はなかった。

引っぱたきたくなる：認知症のお年寄りの介護は超人的な忍耐が必要。言葉が通じない。常識が通じない。ある80代の女性は不穏な状態になると玄関から外に出ようとされた。玄関に立ちはだかり阻止しようとしたとき、そこにあった椅子を手に取り振りまわされた。こちらが引っぱたきたかった。

そのハルコさんはホールでころんで大腿骨を骨折してしまった。

昼間、施設長らが見ている前でころんだ*ということだった。

大腿骨は骨粗しょう症*のお年寄りが骨折しやすい部位である。

そしてその手術と治療で体力を失い、持病が悪化し、寝たきりになり、亡くなってしまうことが多い。

ハルコさんもまさに手術後2カ月もしないときに亡くなってしまった。

わたしがハルコさんの世話をしたのは10回もなかったし、亡くなったと聞いたとき、あまりのあっけなさに、彼女はどこか遠くに行っただけのような気がした。

死に顔を見ていない人の死は実感できないものがあった。

そして、同じようにあっけない死に方をした人は他にもいた。

80代半ばだと思ったが、浜田清彦《はまだきよひこ》さんは入居し、翌日には体調を崩し、そして翌々日には病院で亡くなってしまった。

たったひと晩の入居だった。

ころんだ：女性は骨密度が低くなりやすい。骨粗しょう症になり、転倒すると大腿骨を骨折してしまう。そうした女性を2人見た。お年寄りの、特に女性の転倒は充分注意しなければならなかった。

骨粗しょう症：骨密度が低くなり骨がもろくなるもの。ホルモンの関係で女性に多い。骨粗しょう症の薬はいくつかあるが、いずれも副作用が強く、その使用は注意が必要だった。何人かの女性にボナロンという薬を服用させていた。

わたしが夜勤のとき浜田さんは入居した。

施設長の吉永清美さんが浜田さんと、娘さん夫婦を紹介した。

浜田さんは車椅子に座った姿勢が少し前かがみだったが、疲労感などない元気そうな顔をしておられた。

その浜田さんに娘さんが話していた。

「お父さん、あの家はもう無くなったの。分かるでしょ。お父さんの居る所はここしかないの」

娘さんは浜田さんの手を握って話していた。

そばで聞いていたわたしがギクリとした。

このグループホームが浜田さんの終の棲家になるのかと思った。

浜田さんの表情がさ迷った。

口が動きかけたが言葉は出てこなかった。

元小学校の先生だったという善良そうな老いた顔が悲しいような、さびしいような表情でさ迷った。

動きかけた口は笑っているようでも泣きかけているようでもあった。

「お父さん、ひとりでは生活できないでしょう。こんな体でどうやって生活するの。ね、分かるでしょ」

娘さんのご主人は一歩離れて黙って見ていた。

娘さんの話し方には他人には立ち入れない親子の親密さと、同時に遠慮しない厳しさがあった。そして娘さんが椅子から立ちあがろうとしたとき、浜田さんは娘さんの手にしがみついた。

「お父さんの居る所はここしかないの、ね、分かって」

娘さん夫婦は帰っていった。

娘さん夫婦がいなくなり、いよいよさびしさを感じられたのか、浜田さんの表情は消えて無くなりそうになった。そして不機嫌になられた。夕食に手をつけられなかった。

「もう、いい」と言うと、テーブルのうえの食事を遠ざけられた。

2階に行く前にうがいだけでもしてもらおうとしたが、それも拒否された。

施設長の吉永さんと一緒に居室に案内した。

「浜田さん、ゆっくり休んでくださいね。何かあったら、このボタンを押してください。川島が隣の詰所にいますからね」

施設長の口調がやさしかった。

浜田さんは、黙って布団を顔までかぶった。


「娘さんが、家が無くなったと話したとき、浜田さんの顔を見た？」

ホールに下りたとき施設長が言った。

「あの顔ね、さびしい顔ね。でも、なぜ家が無くなったのかな」

「浜田さん、長い間入院していたから」

「家が無くなるなんてつらいよね。いままでの人生が消えてしまうんだもの」

施設長の顔がわたしが好きな顔になっていた。

「あの人を見ていたら、なんか自分の父親のことを考えてしまった」

「施設長のお父さんって、まだ元気なんじゃないの」

「でも、いつかはこんなときが来るのかなって思ってしまったの」

そして施設長は、

「あの人、もう、そんなに長くないのよ。娘さん夫婦は延命治療*はしないって決めているのよ」

延命治療：死期の近いお年寄りに対して、経鼻栄養や点滴、人工呼吸器などで命をつなぎとめること。点滴をすれば食事も水も与えなくても生きておられる。瀕死のお年寄りが元気になり、家族が驚いてしまうことがある。医療の力であるが、そこに意味を見いだすかは疑問が残る。寝たきりのお年寄りが亡くなったとき、家族はほっとするかもしれない。

気になり浜田さんの部屋を何回も覗いたが、膨らんだ布団は静かに息づいていた。ゆっくり休んでおられるようだった。

朝7時、起こしにいくと、浜田さんは昨夜のままに布団を顔までかぶって寝ておられた。

布団の膨らみに手をかけて軽く揺すってみる。

「このままでいい。飯は食いたくないッ」

昨夜の怒りがそのままに残っていた。

「お腹が空かないですか」

「起きたくないんだよッ。飯はいらないんだよ」

浜田さんは布団から顔を出そうともしなかった。

そしてわたしが退勤したあと、浜田さんは体調がおかしくなり緊急に入院したということだった。

そしてその翌日には病院で亡くなられてしまったということだった。

ケアマネジャーの田中真奈美さんが教えてくれた。

「ハルコさん、骨粗しょう症だったでしょう」

そういえば週一で特殊な薬を服用していた。

毎週木曜日、服用後30分間は横になってはいけない、食事もいけないという薬だった。飲む水も確か１８０ｃｃと決まっていた。ケアマネジャーの田中さんによると、横になって薬が逆流すると喉や食道が炎症を起こしてしまう恐れがあるということだった。

森山栄二さんは奥さんが亡くなったことを聞いても「そうな」と言っただけだったらしかった。

が、そのあと急激に体調を崩された。

まず食欲が無くなってしまった。

「もう少し食べんや」

「もう、いい。食べると吐き気がする」

「薬を飲まんならんで、もうひと口食べやん」

少なめに盛りつけたごはんの半分も食べていなかった。

森山さんは10種類あまりの薬を服用していた。

多剤併用である。

血圧が高いのでその薬を服用する。中性脂肪値が高いのでその薬も服用する。洞性徐脈《どうせいじょみゃく》*があるので血液をさらさらにする薬を服用する。そして胃の調子がおかしくなる。胃の調子を整えるために別な薬を服用する。しばらくすると全身にかゆみが出てくる。そのかゆみを抑えるために、また別な薬を服用する。こうして服用する薬の種類はつぎつぎに増えていくのだった。

施設長の吉永さんが、「みんなは薬を食べているのよ」と言ったことがあった。

彼はそれらの薬を脇に押しやった。

「これを飲むと吐き気がする。ぐっとこみあげてくる」

「がんばって食べて」

「もういいっ」

「食べて、薬を飲まんと元気がでらんど」

吐き気を堪えるようにうつむいていた森山さんが急に怒った。

「放っといてくれよ、食べられないいんだよ」

洞性徐脈：介護現場にいると医学用語が耳に入ってくることは避けられない。脈が乱れると心臓内で血液の成分そのものの固まりができてしまう。それが脳に流れていくと脳卒中になる。予防として血液をさらさらにする薬を服用しなければならない。血液をさらさらにする薬を服用すると怪我や手術のときの止血が問題になる。

大きな声にみんなが森山さんのほうを見た。

まるぽちゃの福田サヨさんはにこにこして森山さんを見た。

「水をくれ、水だけでいい」

森山さんは吐き気を堪えていた。

頬の肉が落ち顔が痩せていくのが目に見えていた。


森山さんは水だけを飲むようになった。

朝もなかなか起きられなくなった。

水を持っていくとなんとか起きてくれた。「冷たい水を飲もうか」と言うと起きてくれた。そして「うまい」と言って紙コップ１杯の水を飲んだ。眠る前にも一杯飲んでもらった。日誌にそのことを書いたら、施設長の吉永さんが、禁止をかけてきた。

「森山さんにあまり水を飲ませないでください。水中毒になります」

さらに「誤嚥《ごえん》＊をやります」と言った。

朝夕コップ１杯の水、わたしは施設長の考えに賛成できなかった。

自分でミネラルウォーターを買っていって、彼に飲ませ続けた。

誤嚥：体力が衰えてくると唾液でさえ誤嚥の原因になる。

夜、寝る前、そして起床時と飲ませた。

そして日誌には書かなかった。


あるときから彼の朝食にバナナが1本つくようになった。

森山さんはそれを喜んで食べた。

テーブルにつくやいなや、「あれをくれ」と言った。

皮が黒ずんだものでもおいしそうに食べた。

が、朝食のごはんやみそ汁には手をつけなかった。

バナナはなぜ1本だけだろうか、2、3本はだめなのかと思い施設長の吉永さんに尋ねると、「カリウムが多いからじゃないかな」と言った。

カリウムが多いと腎臓に負担*をかけてしまうのだ。


森山さんの体力はさらに落ちていった。

もうそのころはズボンの腰回りがゆるゆるになっていた。

頬が見るからにこけてしまい、骨太の骸骨が浮きあがってきた。

食事のときバナナを食べ、お茶を飲んだあとはテーブルにうつ伏せて

カリウムが多いと腎臓に負担：カリウムは塩分を排泄する働きがある。その一方で腎臓に負担をかけてしまう。バナナはカリウムの多い果物であり、持病によってはその摂取は制限される。小学生のとき、先生がバナナの話をした。鹿児島県の山のなかの村、本物のバナナを見たことはなかった。もちろん食べたことはなかった。高価なものだと思っていた。

いた。

彼の笑い声は聞こえなくなってしまい、まるぽちゃの福田サヨさんへの関心も無くなってしまった。福田サヨさんも、顔をあげなくなった森山さんを見ることは無くなってしまった。窓の外の電柱にとまったカラスを見てにこにこしていた。「あれ、あれっ」とにこにこしていた。


森山さんの血圧が下がり始めた。

血圧測定は21時、0時、そして4時に行なうようになった。

測定のために布団から腕を引っぱり出しても、森山さんはほとんど反応しなかった。されるがままになっていた。

「80の43よ。だいじょうぶなの」

「上が60以下になったら病院へ電話をするように言われているんです。そしたら入院させてくれるそうです」施設長が言った。

「60？　なに、それ」

「分かるでしょう」

「……」

「延命治療をしないのよ」

「延命治療？」

「ここで看取りができないでしょう*」


そのころ森山さんはほとんど昏睡状態になっていた。

それでも朝、起床させ、トイレに誘導し、朝食のためにホールに連れていった。施設長としては、形だけでもデイサービスに参加させないと施設の収入*が減るという事情があった。

バナナもほとんど食べなくなり、ときどき目覚めたように、「ミズ」と言うだけだった。

朝4時の最高血圧57。病院へ電話をした。

「血圧が57です」

「起床時にまた測ってください。そのときも60以下だったら、再度、電話をください」

病院の女性看護師の事務的な声だった。

施設長の吉永さんが出勤してくるやいなや報告した。


ここで看取りができないでしょう：グループホームは看取りをする体制にない。看取りとはお年寄りが不安や苦痛なく人間らしく最期を迎えられるようにすること。病院で行なわれることが多い。特養は看取りを行なっている。が、病院でも特養でも本当に人間らしく死んでいるのだろうか。

施設の収入：施設の収入源のひとつがデイサービスである。昼間、お年寄りにゲームやお絵かき、歌、体操などをやってもらうもの。介護保険が適用されるが、デイの参加者も規定の料金を払う。ある入居者がその出費を抑えるためデイに週2日しか参加しなかった。施設長は機嫌が悪く、なにかというとその入居者に

彼女は自分で森山さんの血圧を測り、「だめね」と言った。

森山さんは救急車で搬送された。

「ただ寝かせておくだけよ。薬も食事も、水も与えないのよ」

「水も？」

「誤嚥をやるでしょう。肺炎になるでしょ」

「胃瘻《いろう》はともかく、点滴はしないの」

「死ぬのを待っているのよ。延命治療をしないんだもの、そういうことよ」

「だったら安楽死させればいいじゃない」

「あと4、5日だそうです」

病院では血圧や脈拍数を測りながら、森山さんが死ぬのを待っているということだった。

きつくあたった。そして
追いだしてしまった。

第6章

隠しカメラがあったグループホーム

「川島さん、ちょっと」

夕方、出勤するやいなやケアマネジャー兼責任者の野村《のむら》ゆかりさんが声をかけてきた。いつものかわいらしい顔が険しい。

松元《まつもと》*のグループホーム「桃の里」で週2回の夜勤を始め、8カ月経ったころのことだった。

「これなに？　なぜ服用させなかったんですか」*

「えっ」

「見て、これです。上山直吉《うえやまなおよし》さんと白坂《しらさか》キクさんの8日の朝の薬です」

袋にはふたりの名前、そして「6月8日　朝食後」と印字してあった。わたしの夜勤日の日付である。

「服用させてないじゃないの。なぜなの」

野村さんの顔の険しさに状況が摑めない。

このわたしが薬を渡し忘れるはずがない。しかもふたり分もある。渡し忘れがないようにいつも仕分けの小箱を確認している。たった9人分、ひと目で確認できる。それを見落とすはずがない。絶対服用させている。

松元：鹿児島市の町名のひとつ。隣接して日置市がある。

服用させなかった：これは重大事故だった。お年寄りは毎食後、たいていは5錠以上の薬を服用している。1日では15錠以上。お年寄りの薬の服用を確認するのは介護者の重要な仕事だった。錠剤を床に落としたり、認知症の人は他人のものに手を出したりした。目が離せなかった。

8日の朝の記憶を呼び戻そうとする。

あの朝、いつものようにみんなの名前を呼んだ。そしてそれぞれ薬を渡した。上山直吉さんの名前を呼んだ。白坂キクさんの名前も呼んだ。

「の、飲ませましたよ」

「じゃ、これはなによ」

「絶対、飲ませましたよ」

「何を言っているの。ね、目の前のこれ、これは、なんなのよッ」

野村さんの口撃に考えが追いつかない。

「これ、これよ。この薬はなんなの。名前も日付も、読めるでしょう」

記憶のなかに上山直吉さんに薬を渡したときの自分の手が見えてくる。

あのときの自分の声が聞こえてき、8日の朝のみんなの顔が見えてくる。

絶対服用させている。

「……の、飲ませましたって」

「何を言っているの、ここにあるこれは何よ。ね、ちゃんと見てよ」

野村さんの顔が四角になった。

頭のなかにある場面は記憶なのか、いま想像しているものなのか分からなくなる。確かに渡した。でも確かに8日の朝のふたりの薬が目の前にある。

考えがそれ以上動かない。

「飲ませていないじゃない。なぜなの」

「飲ませました」

「飲ませていないじゃない」

「飲ませました」

「いないじゃないのー」

野村さんの声がひときわかん高くなり、わたしも大声で言い返した。

「飲ませましたー」

夕食を終えてくつろいでいたみんながこちらを見た。

気持ちが切れる寸前だった。

が、9人のみんなの顔を見たとたん大人げない恥ずかしさを感じた。

野村さんの顔はますます膨らんでいた。

彼女はケアマネジャー兼責任者として１カ月前に来たばかりである。話をするときためらいなく体を寄せてくるので親しみを感じていたが、その親しみが吹き飛んでいた。

「何よ、何？　これ、これよ。説明しなさいよ」

「ほんとに飲ませましたって」

「じゃ、これは何なの。飲ませていないのよ。あなたの夜勤日じゃないの、説明してみなさいよ」

「飲ませましたって」

絶対服用させている。が、説明できない。

服用させていなければ薬が１回分余っているはずだということが頭をかすめたが、言葉にならなかった。

野村さんは深く息を吸い込んだ。

これ以上、話はしないという顔になると、「施設長に電話します」と言って事務所に入っていった。

上山直吉さんか白坂キクさんのどちらかが覚えていないだろうか。

白坂キクさんは84歳、せん妄*ありと記録にあった。機嫌のいいときは笑ってくれるが、そうでないときは暴力的なものがあった。突然、大声を出したり、テーブルを叩くことがあった。わたしの顔を見るなり、「あっち行け」と杖を振り回すこともあった。入浴が嫌い*であまり洗っていない髪の乱れが浮浪者のようだった。彼女にはまず期待できそうになかった。

上山直吉さんは覚えているかもしれない。

元陸上自衛隊員であり92歳という年齢にもかかわらず、気持ちにも体にもいまだに芯が通っている。身も心も不要なものをそぎ落とし、かくしゃくとして、小柄な体に自衛隊員としての気骨がそのままに残っていた。介護度も要支援2と、ほとんど手間のかからない人だった。戦争のことを尋ねるとなつかしそうに話してくれるのだった。

その上山直吉さんに尋ねてみた。

「4日前のこと、そんなこと覚えてないよ」

わたしとて4日前のことを思いだせないのだ。

上山さんが覚えていないのも当然だった。

せん妄：幻覚や妄想があり、突然興奮し攻撃的になることがある。本文にあるように白坂キクさんはまさにそうした症状を見せた。なんでもないときはにこにこして食後の薬を服用されたが、機嫌が悪いと攻撃的になり杖を振りまわされた。

入浴が嫌い：お年寄りが入浴を嫌がることはよくある。白坂キクさんを見て、わたしはスタジオジブリのアニメの婆さんを思いだした。ぼさぼさの髪、汚れた男っぽい顔、小太りした体。腰を曲げて、杖をつき、重たげに歩かれるさまはマンガ的だった。ちょっと親しみを感じたが、いつ杖で殴られるか分からなかった。

朝食に何を食べたかを思いだせないのと同じで、習慣的な行動は記憶に残らないのだ。感情を伴わないので記憶に残らないのだ。

施設長に電話をしている野村さんの声が事務所から聞こえてきた。が、幸いにして今村浩子《いまむらひろこ》施設長からはなんの叱責もなかった。今村施設長は桜ヶ丘のグループホームの事務所におり、「桃の里」にはほとんど顔を出さなかったからだ。それに「桃の里」に来るのは日中であり、夜勤のわたしとはめったに顔を合わせることがなかったのだ。が、それで事が収まったわけではなかった。

2週間くらい経ったとき厨房の冷蔵庫のドアに手書きの張り紙があった。

電気代が2倍になっています。
無駄遣いしている人がいます。
夜、ホールの冷房は7時に切ってください。

施設長

夜勤のときわたしは奥まった所にある仮眠室ではなく、物音が聞こえやすいホール*のソファで寝ていた。そのホールの冷房はみんなが居室に引きあげてしまう6時半には切っていた。わたし自身は扇風機を回し、自宅から持ってきた凍らせたアイスノンを抱いて寝ていた。

深夜はトイレの換気扇も切った。

便座のヒーターも切ったことがあったが、元トラック運転手の岩崎義夫《いわさきよしお》さんが「ト、トイレが……冷たい……」と言ってきたので、また電源をいれるようにしたのだった。

1週間後、また張り紙があった。

冷蔵庫の食材を持ち出している人がいます。
今後も続くようなら警察を呼びます。

施設長

「こんな人がいるんだ」
「昼間の人じゃないわね」

物音が聞こえやすいホール：施設内の突然の音は要注意である。お年寄りはベッドから落ちたりトイレで転倒したりする。特に夜間は要注意だった。そうでなくても入居者の状態を確認するために耳に神経を集中していた。いびきも聞き逃してはならないものだった。耳で入居者の状態が分かるようになれば夜勤者としては一人前かもしれない。

張り紙の前から聞こえてきた声にギクリとした。

わたしは多少ではあったが野菜を持ちこんでいた。自宅近くの無人販売所で買ったナスやカボチャなどを持ちこみ、入居者の朝食のみそ汁やおかずの材料にしていた。

イレズミ男の上村達夫さんや、元社長の森山栄二さんらがいた吹上町のグループホームでも、同じようなことをしていた。そのとき、そこの吉永施設長にも、そして入居者のみんなにも喜ばれていた。特にカボチャの煮物はみんなに喜ばれていた。

請求書のある電気料金はともかく、食材が無くなることを今村浩子施設長はどうして知ったのだろう。

ふとスタッフの前村恵美《まえむらえみ》さんのことが頭をよぎる。

武岡のグループホームで一緒だった女性である。

「桃の里」で再会したとき、お互いに「あっ」と声が出た。

「も、もしかすると武岡の厨房で」

「もしかすると、夜勤のあの人？」

わたしたちは一瞬笑ったが、その笑いがすぅーと消えた。

前村恵美さんは口のきき方が乱暴で、厨房の仕事も粗雑なところがあった。

何度注意しても彼女が洗った食器にはごはん粒やおかずがこびりついていたということだった。クビ同然で退職したのである。その彼女に「みそ汁にトマトを入れるとおいしいですよ」と話したことがあったが、あのときひと言「勝手にすれば」と言われた。再会できてうれしい女性ではなかった。いつも仕事の不満を口にしており、何かを楽しんでやることができない女性だった。近づきにならないほうがいい女性だった。

もしかしたら彼女が？

が、彼女はわたしが5、6個のジャガイモを持っていったとき、「どうしたの、そのジャガイモ」と、それを見ていた。

西陵《せいりょう》*のグループホームを思い出した。

わたしが介護の夜勤の仕事を始めた最初の施設である。

「ここは、隠しカメラ*があるからね。気をつけてね」

西陵：鹿児島市の町名のひとつ。住宅団地。

隠しカメラ：カメラは入居者の安全管理、そして夜勤者の監視である。夜は迷いが生じやすい。現にある施設では夜勤者が金庫からお金を盗った。冷蔵庫の食料を失敬した夜勤者もいた。入居者への接し方も問題になる。性的な虐待もあれば、身体的な虐待を行なうこともある。今日そうしたニュースがときどき報道されている。労働基準監督署に確認したが、監視カメラは監視される側が了承している必要があるとのことだった。了承なしの隠しカメラは違法とのことだった。

親しくなったスタッフの田端久美《たばたくみ》さんが教えてくれた。

入居者の杉山《すぎやま》イネ子さんも気づいていた。

彼女はデイサービスに週２回しか参加しないので、施設長に嫌われていた*。

その杉山さんはわたしが夜勤のときよく２階から下りてきた。

そして、片づけや朝食の下準備をしているわたしと話をしたが、その彼女がホールの物陰に座るのだった。

初めてのとき、「こちらに来て座ったら」と言ったら、

「ここには隠しカメラがあるの。施設長が見ているのよ」と声を潜めたのだった。

隠しカメラがどこに設置してあるか、誰も知らなかった。が、施設長の中島奈美《なかじまなみ》さんが思いがけないことを口にすることがあったから、みんな気づいていたのだった。その場にいなければ知らないはずのことを、日曜日とか夜のことを、施設長の中島さんはそれとなく口にして注意してくることがあったのだ。

わたしも言われたことがあった。

施設長に嫌われていた：施設にとってデイサービスは重要な収入源。入居者が月々支払う10万円あまりの利用料は食事代、光熱費、部屋代、管理費などであり利益ではない。杉山イネ子さんはそのデイに参加したがらなかった。小規模な施設では痛手である。繰り返しの嫌がらせで杉山イネ子さんは施設から追いだされてしまった。

「川島さん、杉山さんと仲良しね。でも夜は入居者の方をホールに下ろさないでくださいね」

あのときちょっと笑った施設長の中島さんの顔が、全部知っているのよ、と言っていたのだった。

そして「桃の里」では、過去に金庫からお金が盗まれたということだった。

わたしが「桃の里」で夜勤を始める前のことである。

事務所の金庫から5万円あまりのお金が盗まれたということだった。

今村浩子施設長が警察に被害届を出したことで犯人は自首した。

その当時の夜勤者で、しかも施設長の親戚の男性だったということである。

施設長がおかしなことを言ったことがあった。

冷蔵庫に電気代の張り紙が出される前のことで、夕方、施設長が「桃の里」に立ち寄ったときだった。

「川島さん、本田さんのベッドで、一緒に寝なさいよ」と言ったのだった。

本田健二《ほんだけんじ》さん、中堅の建設会社の部長だった人である。

かなりな認知症で目覚めているとき始終、誰かを自分のそばに呼びつけておかなければ気がすまない人だった。子どもみたいなかん高い声で「おーい、おーい」と声をあげる。誰かが付き添うまで声をあげていた。それでみんな手を焼いていたのだった。

夜中、何時であろうと目覚めたと思ったら「おーい、おーい」と夜勤者を呼びつける。そして「メガネ、メガネ」などと言うのである。メガネを捜せというのだった。

「何時だと思っているの、夜中の2時よ」

本田健二さんは子どものような声をあげて抗議しようとするが、「アー、アー」としか言えない。小柄な体で手を振って怒るのでサルのようである。この野郎ッ、と黙って見守る。すると、「そこ、そこ」などと言いだすのである。タンスの引出しをひとつずつ開けて確認しろというのだ。横柄で命令口調でスタッフを自分の家来のように使うのである。

食事のときもいっ時も静かにしていない。

甲高い声で「おーい、おーい」とやる。

みそ汁にごみが入っているなどと言うのである。

「会社に居るつもりよ。あれで、社員をこき使っていたのよ」

配膳をしながら佐藤《さとう》ヨシ子さんが言ったことがあった。

処方された精神安定剤*も睡眠導入剤*もなんの効果もなかった。

今村浩子施設長は、「これじゃ仕事にならないわね」と退居させる段取りを始めた。病院ならもっと強い薬を服用させることができるということで、家族と話し彼は退居させられた。精神病院に併設された施設に入居させられた。

その傍ら施設長は空きベッドを作らないために、次の入居者探しも進めていた。提携している病院との取引があり、本田健二さんが退居し1週間もしないうちに坂本義輝《さかもとよしてる》さんが入ってきた。

「お天道さまがみごとだね。こうして今日もありがたいことだね」と、

精神安定剤：抗不安薬。不安、緊張、恐怖、焦燥などを和らげる。精神安定剤を服用しているお年寄りは多かった。それに日本の医者は薬を出したがる。製薬会社から何を貰っているのか。

睡眠導入剤：お年寄りは朝食のあとでうつらうつら、昼食のあとでうつらうつら、夕食のあとで眠ってしまう。夜9時、いざ本格的に眠ろうとしたとき眠れないのは当然。「先生、よく眠れないんです」と言われるとお医者さんは喜んで睡眠薬を処方してくれる。安易に薬を処方する日本の医療の問題である。睡眠薬にも副作用の危険があ

宗教めいたことを言い、夏の朝の太陽を拝んでいた人である。

そのたびにアルツハイマー型認知症*の平山梅子《ひらやまうめこ》さんが、「また始まった」といやな顔をするのだった。

ああしたときの今村施設長の判断、そして交渉力には頼もしいものがあった。その今村施設長がわたしに、本田健二さんと一緒に寝たらと言ったことがあった。

あのとき思わず天井を見た。

隠しカメラがある。

施設長はわたしがホールのソファで仮眠をとるのをカメラで見ていたのでは。そしてホールの冷房をつけっぱなしにしていると思ったのではないか。本田健二さんを気遣ったのではなく、冷房の電気代を心配していたのではないか。


いつだったか仕事を終え車を運転しているとき、今村施設長から電話があった。

「今朝、川村《かわむら》さんは朝礼で、何を話しましたか」


る。良心的な医者はブドウ糖や乳糖で作られた偽薬を処方してくれる。あるお年寄りがその偽薬を服用していたが、「この薬はすこしも効かない」と言われたことがあった。クスリと笑ってしまった。

アルツハイマー型認知症：216‐217頁「用語」参照。

運転中の突然の電話に戸惑った。

が、当時の看護師兼責任者だった川村トシ子さんのその日の朝礼は、30分あまりと長かったことを話した。わたしの申し送りは5分で済んでいたが、そのあとの川村トシ子さんの話が延々と続き朝の仕事が始められない状態だった。

施設長はそのことを尋ねてきたのだ。

わたしは、川村トシ子さんが、看護学校で使っていた専門書を取り出し、そのページをめくり、ボールペンで引いた赤線を見せながら、「わたしもダメになったな、歳だな、もう頭に入らない」などといったことを話した。川村さんは東京の大学病院で看護師をしていたことが自慢で、難しそうな看護の専門書を取り出して見せたのだった。

そのことを施設長に話しながらハッとした。

施設長は朝礼の様子を隠しカメラで見ていたのだ。

そしてわたしがホールのソファで寝ることも、朝食のみそ汁を作ったあと、味見をかねてそれを一杯戴くことも隠しカメラで見ていたのだ。

そう考えると冷蔵庫の扉の張り紙は、ふたつともわたしのことを書いていたのだ。

そして数日後、冷蔵庫にまた張り紙があった。

冷蔵庫のなかの数十種類の食材とその数量が書きだしてあり、そのリストがこれ見よがしに冷蔵庫の扉に貼ってあったのだ。

アスパラガスの本数まで数えてあった。

わたしの夜勤日を狙って在庫チェックをさせたのだ。

あのとき仕事を終えて帰っていくスタッフが、みんなわたしを避けているように見えた。

わたしは野菜を持ち込んでいることを書いて冷蔵庫のドアに貼った。

冷蔵庫のリストには数日前、わたしが持ち込んだナス３本があったので、そのことも書いた。数日後、ひと言のお礼もなく、つぎのような張り紙が貼ってあった。

今後、食材などの持ちこみは一切禁止します。

施設長

ふと気づくとその筆跡は施設長お気に入りの北山純子《きたやまじゅんこ》さんのものだった。

今村浩子施設長、58歳。

初めて電話をもらったときのことを思い出す。

耳元にがぁがぁ響く声で、「何をしているんですか、もっと早く出れないんですか」

その声にはぶしつけなものがあった。

慌ただしく車を道路脇に停めて耳を傾けた。

「いまの所は、いつまでですか」

「いまの所は、なぜ辞めるんですか」

矢継ぎ早に尋ねられた。

ざっくばらんで、なんの飾り気もない話し方に、てきぱきと仕事をこなし、細かなことに拘《こだわ》らないやり手の女性の姿が目に浮かんだ。

なぜか親しみを感じてしまった。

この人のためなら喜んで働ける、そんな気がしてしまった。

実際、今村浩子施設長は美人顔で、笑顔で話しかけられると引きこまれるものがあった。背丈はわたしと同じくらいだったが大柄に見えることがあった。

40歳になる前に離婚し、女手ひとつで女の子2人をりっぱに育てあげておられた。次女は施設の事務長をしていたが、以前は高校の先生だったということである。長女は種子島《たねがしま》で中学校の先生だということだった。面接のとき、施設長自身が話してくれたことだった。明らかに自慢話だったが、施設長の話し方は不愉快ではなかった。

そして今後施設を増やしていくことも話してくれた。

「グループホームは最低2棟運営しないと、*採算がとれないですよ。お年寄りは増える一方でしょう、5、6棟は運営します。ただスタッフの確保が難しいのね。募集してもなかなか応募がないんです。採用してもすぐに辞めてしまう*でしょう。いまつぎの候補地を探しているんです」

今村浩子施設長の熱意が伝わってきた。

さらに施設長は、「この施設の造りはいいでしょう。わたしが図面を描いたんです。ここが建ってから、同じような造りをする施設がつぎつ

最低2棟運営しないと：定員9人で施設はいくら利益があるのだろうか。昼間の職員が3人から5人。夜勤者が1人。入居者9人がどんなからくりでこれだけの職員の生活を支えられるのだろうか。

採用してもすぐに辞めてしまう：介護職はきつい、汚い、給与が安い。そして希望が持てない。典型的な3K、4Kである。さらに介護職は引く手あまたの人手不足。転職はとび石を伝っていくように簡単にできる。離職率は高くなる。些細な理由で辞めていく。こうしたことに関して小嶋勝利氏の『誰も書かなかった老人ホーム』（祥伝社）がある。

ぎに出てきたんですよ」と言った。

施設は中庭を囲んだ回廊式になっていた。

わたしがそれまで知っている施設は直線の廊下の左右に居室が並ぶ単調な造りだった。回廊式のものは開放感があった。中庭の明るさ、地面の近さ、そして居室が廊下の片側だけに並んでいる開放感があった。

そうした造りは施設長の案だということだった。

「川島さん、うちには定年はありません。元気なうちはずうっと働いてください」

施設長はすっかり打ちとけてくれた。

が、施設長は機嫌がいいときと悪いときの差が大きかった。

わたしが仕事を始めて2カ月目、近くのレストランで食事会が行なわれた。

どうもわたしの歓迎会のようだった。

わたしがホームヘルパー2級の有資格者であり、さらに「桃の里」で唯一の男性だったこともあり歓迎されたようだった。

あのとき、わたしは隅っこの末席に座ったつもりだったが、今村施設長はわたしの横にきて座った。あとで、佐藤ヨシ子さんが、「川島さん、気にいられたみたいよ」と言った。わたしが2、3手品をやって見せたこともあり、みんな楽しそうだったし、今村施設長はお母さんのような顔でみんなを見ていた。帰るときはドリンク剤やオリーブオイルなどのおみやげをみんなにくれた。

一転して6月、ホテルに一泊しての食事会は悲惨だった。

「たまにはみんなでゆっくりと語り合いましょうね」と声がかかった。5月に来たケアマネジャー兼責任者の野村ゆかりさんの歓迎会を兼ねての慰労会だった。が、ホテルに行ったとき、今村施設長が不機嫌な顔をしていた。

野村ゆかりさんも落ち着かない様子だった。

コックさんが目の前でステーキを焼いてくれる個室での食事会だったが、施設長はケアマネジャーの野村ゆかりさんやお気にいりの佐藤ヨシ子さんらとだけ話をし、7人みんなで話をすることはなかった。奇妙な食事会だった。

そして自分の部屋に引きあげてシャワーを浴び、男ひとり鹿児島市の夜景を眺めていたとき、野村ゆかりさんから電話がかかってきた。

「さきほどの食事のことなんですけど、お金を払ってもらうことになりました。４０００円です。川島さん、つぎの夜勤のときに貰えますか」

「わ、分かりました」

そして30分くらいしてまた電話がかかってきた。

「さきほどの食事代なんですが、５０００円ということになりました」

野村ゆかりさんは各部屋に電話をしているのだ。

穏やかに話しているものの、彼女自身困惑しているのが分かった。

今村施設長がそばにいて、野村さんに指図しているのだ。


今村施設長は機嫌が悪いとき、口の利き方が乱暴になり、思いもしない行動にでた。数年前の親子ゲンカは有名な話だった。

これもわたしが「桃の里」で夜勤を始める前のことだった。

桜ヶ丘のグループホームでのことである。怒った施設長が事務所から大きなカッターナイフを持ち出し、事務長である娘さんを追いかけ回したという事件だった。小柄な娘さんは、「やめてー、お母さん、やめてー」と叫びながら入居者が座っているテーブルの間やトイレや浴室のほうに逃げ回ったということだった。スタッフや入居者の見ている前のことであり、その話を知らない者はいないという事件だった。

一度だけその娘さんに会ったことがあった。彼女はわたしの顔を見るなり、「母がご迷惑をかけることがありますが、よろしくお願いします」と言った。

彼女の穏やかな話し方にはなにか心を打たれるものがあった。

また施設長は気にいらないスタッフには顔を合わせるたびに、「辞めなさいよ」と怒鳴った。

28歳の長沢明子《ながさわあきこ》さんは気立てのやさしい女性だったが、辞めてしまった。

桜ヶ丘のグループホームに面接に行ったとき、厨房で洗い物をしながらわたしを見ていた女性だった。ためらいもなくわたしを見ていた様子に親しみを感じてしまった。

「家にはおばあちゃんがいたから、お年寄りの世話をするのは慣れているんですよ」と話してくれた。

その長沢明子さんは介護福祉士*の試験に受かったことをうれしそうに話してくれたが、2カ月もしないうちに施設長の、「あなたは辞めなさいよ」が始まったのだった。

何が今村施設長の気に障ったのか誰にも分からなかった。

長沢明子さんは桜ヶ丘のグループホームにいたので、施設長とは毎日顔を合わせていた。だから1日1回は「辞めなさいよ」と言われていたのだった。

「絶対辞めません。労基署*に訴えるつもりです」と言っていたが、彼女は辞めてしまった。

50代前半の市来美枝《いちきみえ》さんも辞めてしまった。

6月の朝、市来さんが1時間も早く出勤してきて花壇の草とりを始めたので、「どうしたの」と尋ねたら、「あの施設長、許せない」と言っ

介護福祉士：介護職として最上位にあたる資格。わたしのホームヘルパー2級では足下にも及ばない。社会福祉士、精神保健福祉士と並んで三福祉士と呼ばれる。

労基署：労働基準監督署。わたしが『メーター検針員テゲテゲ日記』(三五館シンシャ)の仕事をしていたとき相談に行ったことがあった。問題は解決されなかった。が、担当者は労働者の弱い立場を理解して、ていねいに対応してくれた。

た。「わたしが仕事をしていない、と言うのよ」、そして「辞めなさい、と言うのよ」と言った。

彼女が仕事に30分くらい遅刻したあとのことだった。

「辞めてやるわよ。その前にわざと早く出勤しているのよ」と言った。

そして彼女の雇用契約書は更新されなかった。


わたしの雇用契約書の更新日は10月末だった。

あと４カ月あまり。

隠しカメラがどこにあるか分からなかったが、それを意識して仕事をするようにした。

カメラに映りそうな場所で小箱に仕分けされた９人分の薬を声を出して確認した。

そして配付するとき、大きな声でみんなの名前を呼んだ。

わたしの記憶に残るように、そしてみんなの記憶にも残るように、それまで以上に大きな声でメリハリをつけて呼ぶようにした。

初期のアルツハイマー型認知症の平山梅子さんが、「元気が、いいね」

と言ってくれた。

そしてある日、手がとまった。

小箱を確認しているときだった。

鮫島修一《さめじましゅういち》さんの薬で、同じ日付、同じ服薬のタイミングのものが2包出てきた。夕食前の小箱に、そしてふと見た朝食前の小箱にも入れてあった。


氏名や日付はスタッフがマジックペンで手書きしたものだった。

鮫島修一さんの漢方薬、十全大補湯《じゅうぜんたいほとう》*である。

「鮫島　7月10日　朝食前」と手書きしたものが2包あった。

10日の朝、鮫島修一さんに服用させても、もう一包が残ったままになってしまう。すなわち10日の朝、服用させなかったということになる。

すぐに2包並べて携帯で写真を撮った。

そしてケアマネジャーの野村ゆかりさんに報告した。

彼女は「こんなことされたら困るな」と言った。

「飲ませても、一包、残るんですよ」

「こんな間違い困るな。誰なのかな、困るな」

十全大補湯：疲れ、皮フの乾燥、食欲不振、手足の冷えなどの改善に効能がある。甘草、桂皮、シャクヤク、ニンジンなど10種類あまりの薬草を使っており、漢方薬独特のいい香りがする。

が、野村ゆかりさんは、「6月8日」の件は思いださなかった。わたしが上山直吉さんと白坂キクさんに食後の薬を服用させなかった、ということになっている件は思いださなかった。本当に思いださなかったのか、忘れたふりをしていたのかは分からない。

ここで説明しておかなければならないのは、薬に書いてある「名前」、「日付」、「服薬のタイミング」には手書きのものと活字で印字されたものの二通りがあることである。

印字されたものは薬局で印字したものである。

お年寄りは1回に7、8種類の薬を服用する人が多いが、それらの錠剤を1回分ずつまとめてセロファンの袋に一包化*してくれるのだ。

お年寄りは製薬会社の薬シートのままでは錠剤を取り出しにくい。また取り出したはずみでよく落としたりする。すると落ちた錠剤は衣服の胸元に入ったり、床のうえをコロコロころがって4、5メートル先までも行ってしまうことがある。衛生上よくないのはもちろんだが、どこにころがっていったか分からない小さな錠剤を探すのはひと仕事になるの

セロファンの袋に一包化：本文に書いた通り、たくさんの薬をひとつの袋にまとめてくれるもの。なお薬の服用は錠剤でも粉末でもまず口に水を含み、そこに薬を落とし込むようにすると飲み込みやすい。

だ。

衣服の胸元に入ったときは、「動かないで、そのまま、そのまま」と声かけしながら、みんなの前で胸元をはだけなければならない。

さらに何種類もの錠剤を1錠ずつ薬シート*から取り出すのは、入居者であろうとスタッフであろうと手間がかかる。

1回に1人が5錠服用すれば9人分で45錠になる。その都度、それらの薬を薬シートから取り出すのはたいへんな手間になる。そのたくさんの薬を管理しやすく、また服用させやすくするために1回分ずつセロファンの袋に一包化してくれるのだ。錠剤が飲み込みにくい人のためには粉末にもしてくれる。そのとき名前、日付、服薬のタイミングをセロファンの袋に印字してくれるのだ。

「薬局で印字」とあるのはそうした意味である。

十全大補湯などのように食前に単独で服用するものは詰めなおしはしていない。製薬会社の袋のままである。そのため名前、日付、服薬のタイミングを施設のスタッフがマジックペンで書いているのだ。

薬シート：薬シートはプラスチックとアルミでできており、しかも角が鋭いので危険。誤飲をすると内視鏡などによる摘出手術が必要。薬を1錠単位に切り離してしまうと誤飲の可能性が増す。そのため以前あったタテヨコのミシン目を、現在はタテかヨコの一方向にするようになっている。認知症の人には錠剤だけを渡し、さらに飲み込むまで見守りが必要。普通の人でも要注意。テレビを見ながら服用して薬シートのまま飲みこんだ事例が報告されている。

また間違いが出てきた。

岩崎義夫さん、白坂キクさん、平山梅子さんの「8月5日　寝る前」の睡眠導入剤である。平山梅子さんに関してはその偽薬《ぎやく》である。

薬局で印字した日付が手書きで直してあった。

「5月21日」の日付が「8月5日」になっていた。

驚くほかなかった。しかも3人分である。

なぜ「5月21日」の薬が2カ月あまりも取ってあったのか。

なぜ「5月21日」の薬を「8月5日」に服用させるのか。

本来の「8月5日」の薬はどうなったのか。


1カ月後、さらに重大な間違いが出てきた。

これまでの間違いは漢方薬とか、睡眠導入剤やその偽薬であり内容的にそれほど問題になるものではなかった。

が、つぎの「9月6日」の間違いはヒヤリハット*ものだった。

重大な間違いであり、わたしが間違いを見つけて喜んでいる場合ではなかった。

ヒヤリハット：ヒヤッしてハッとすること。老人ホームでは転倒、車椅子からの転落、誤嚥、脱走などいろんなことが起こる。実際、転倒して骨折することが多い。そうした事態が発生したとき、ヒヤリハットの用紙に書いて報告しなければならない。状況、原因、対策をまとめて情報の共有をしなければならない。

高山邦子《たかやまくにこ》さん、平山梅子さん、永田豊二《ながたとよじ》さんの9月6日の「朝食後」および「昼食後」の薬である。それらの小箱への仕分けが間違っていた。すなわち「朝食後」の薬が昼食後の小箱に入れてあった。反対に「昼食後」の薬が朝食後の小箱に入れてあった。

セロファンの袋にはそれぞれ4、5錠ずつ入っていたが、その袋の仕分けが間違っていたのだった。

まさか3人揃って入れ替えの変更があるだろうか。

医師の指示で入れ替えたのなら、「朝食後」や「昼食後」の文字を書き直すべきである。また永田豊二さんに関しては「朝食後」と「昼食後」で薬の内容は同じである。入れ替える必要はない。

携帯で写真を撮った。

平山さんか高山さんのどちらに確認したらよいか考えた。

平山梅子さん、94歳。要介護2*。

いつもにこにこしておられ人当たりもいいが、初期のアルツハイマー型認知症である。朝早く来て草取りをした市来美枝さんが辞める挨拶をしたとき、突然、歌を歌われた人である。「別れることはつらいけど

要介護2：216－217頁「用語」参照。

……」と歌われた。

また看護師の川村トシ子さんが口腔ケアの大切さをみんなに話したことがあったが、そのとき平山梅子さんは「分かった人は手をあげて、真ん中の手もあげて」と言ったことがあった。

薬に変更があったかなどと尋ねても、きちんとした返答は期待できそうになかった。

高山邦子さん、68歳、要支援2*。

桜ヶ丘のグループホームから「桃の里」に移動してきた女性だった。桜ヶ丘にいたとき、窓から脱走したということで、スタッフは、特に夜勤者は警戒しなければならなかった。絶えず声かけし監視していた。庭の門の施錠も巡視のとき再度確認するようになった。

が、彼女と話をしてみるとむやみに脱走するような人ではなかった。言葉数は少なく落ち着いておられたし、気持ちがしっかりしておられた。

認知症でもなかったし、脱走するような気持ちの乱れはなかった。

要支援2：216－217頁「用語」参照。

「窓から逃げださないでくださいね」

あるとき思い切って言ってみた。

すると高山邦子さんは声を出して笑った。

とてもいい顔をして笑った。

「あのときはイライラしていたの。あそこは介護度の高い人が多いんだもの、息苦しいんですよ。庭に出てみたかったの」と言った。

そして面会に来られた娘さんを見たとき、さらに心配は無くなった。

小柄なきれいな娘さんで、言葉遣いがきちんとしておられた。

ふたりで話している様子に母と娘の遠慮のない繋がりがあり、くつろいだ表情があった。

その高山邦子さんが言った。

「先生からは、何も聞いていませんよ」

わたしは高山邦子さんを信用した。

小箱の仕分けを「正しく」元に戻し、３人には「朝食後」の薬を服用してもらった。

介護度の高い人が多い：介護度の低い人だけを入居させると介護報酬が低いばかりか、病院も入居者を紹介しづらい。そこで一つの棟は介護度の低い人、もうひとつは介護度の高い人を入居させていた。

ケアマネジャーの野村ゆかりさんが出勤してきたとき報告した。

野村さんは携帯の写真を見て言葉を失った。

「困るな、困るな。こんなことされたら困るな」

野村ゆかりさんはため息をついて、

「スタッフのレベルが低いな。ここはスタッフのレベルが低いな」と言った。

9月の初め、今村浩子施設長が「桃の里」に来た。

厨房で夕食の後片付けをしているときだった。

玄関を入ってくる今村施設長の表情が硬かった。

何か言われると思った。

挨拶をしたとたん、「あなたは、辞めなさいよ」

突然でためらいもない口調が施設長らしかったが、ついに言われた。

「あなたのことはいろいろと聞いています。今後も働いてもらうかどうかは、理事会で話しあいます」

彼女はそれだけ言うと施設の回廊をひと回りして帰っていった。

わたしが辞めることを決心した瞬間だった。

なんのためらいもなく決心した。


9月12日、また間違いが出てきた。

本田健二さんと永井《ながい》タネさんの寝る前の薬である。

睡眠導入剤で「9月11日」の薬が12日の小箱に入れてあった。

なぜ前日「11日」の薬が12日の小箱に入っているのか。

前日の夜勤者は服用させなかったのか。

本来の「12日」の薬はどうなったのか。

帰り間際の佐藤ヨシ子さんと前村恵美さんに声をかけた。

「これ、間違って入っているよ」

佐藤ヨシ子さんはまるぽちゃで陽気で、よく笑う女性だった。

5年近く「桃の里」で働いており、仕事で分からないことは彼女に尋ねていた。施設長のお気に入りの女性のひとりで、施設長の自宅にも手伝いでよく出入りしているようだった。

前村恵美さんは、武岡の施設で一緒だったあの女性である。

口のきき方が乱暴なあの女性だった。

その前村恵美さんが言った。

「入れ間違っただけでしょ」

そして佐藤ヨシ子さんも口調こそやわらかかったが、「人間だからたまには間違うこともあるわね」と言った。


間違いはつぎつぎに出てきた。

今度は施設長お気にいりの北山純子さんの間違いだった。

彼女はヒヤリハットの報告を書いていたが、そのなかで責任の半分をわたしに押しつけてきた。

岩崎義夫さんと鮫島修一さんの「9月18日　朝食後」の薬で、それらを北山純子さんが小箱に仕分けし忘れたというものだった。

そのため「9月18日　朝食後」の薬を、わたしがふたりに服用させなかったということになっていた。

「川島さん、これ書いてもらえますか」

突然渡されたヒヤリハットの用紙に戸惑った。

北山純子さんは夜勤者のわたしが最終確認をしなかったことが原因のひとつであるとし、夜勤者としての責任と今後の対策を書いてくださいと言ってきたのである。

この期に及んでわたしが間違うことはない。

もしふたりに薬を渡していなければ、ふたりは催促したはずである。すくなくとも元トラック運転手の岩崎義夫さんなら、節電のためわたしが便座のヒーターを切ったとき、「ト、トイレが……冷たい……」と言ってきた人であり薬を催促したはずである。そうでなくても薬がなければ、わたしは朝一でケアマネジャーの野村ゆかりさんに報告したはずである。

同じ日付のものが2包あったのか。

薬局で封入*、印字しているので、それは考えられない。

北山純子さんが日付を仕分け間違ったのではないか。

そのため18日の朝、わたしは「19日」の薬を服用させた。そして「18日」の薬が残ったのではないか。するとわたしも日付を見落としたということかもしれない。が、これもまた「6月8日」の朝、上山直吉さん

薬局で封入：薬局で女性が封入作業をしているのを見たことがあった。非常に真剣な顔だった。1包ずつ薬の種類、個数を確認していた。もちろん名前、日付なども確認していた。薬によっては直接命に関わるので、話しかけることなどできない真剣さがあった。

と白坂キクさんの薬の件、わたしが彼らに服用させなかったということになっている件と同じなのではないのか。

わたしは間違いなく服用させている。

そのことを書いて、ヒヤリハットの報告書を北山純子さんに返した。また彼女は、夜勤者は服用させる前に処方箋と照らしあわせをして仕分けの最終確認をするようにと書いていた。

わたしは反論した。

仕分けをするスタッフが責任を持って仕分けすべきであり、夜勤者にその最終確認を押しつけるべきではないと書いた。

北山純子さん。ちょっと大柄で太った体が女性らしいのだが、おっとりしたところがあった。

なんでもざっくばらんに話すところがある施設長は、あるとき、「北山さんはよくやってくれるんですよ。だから時給はみんなより30円高くしてあるんです」と話してくれたことがあった。

6月からの4カ月間に間違いが6回発生し、その総件数は18件になった。

これで「6月8日」のわたしの無実は証明された。

携帯で撮った写真を印刷し、レポートをまとめた。

薬の管理の杜撰《ずさん》さと、そして自分の潔白を証明したかった。

レポートには、それぞれの状況、問題点、そして対策を書いた。

根本的な原因は、薬の管理をスタッフが持ち回りでやっていたことだった。

野村ゆかりさんの前任者である看護師*兼責任者の川村トシ子さんがスタッフを指導していなかった。適切な体制がとられていなかったのだ。

服薬管理は医療行為であり、原則看護師が行なうべきものだった。看護師がパートタイマーで常時居ないグループホームでは、実質、施設の責任者が行なっていた。安易に一般のスタッフには触らせなかったが、「桃の里」では看護師の川村トシ子さんが薬の管理を行なわず、みんなに任せていたのだった。そしてスタッフのみんなは掃除や食事作りと同じように、交代でやっていたのだ。

看護師：看護師と看護士、看護婦。なにが違うの。「師」と「士」、「婦」の違い。わたしもネットで調べて初めて知った。「士」とは男性であり、「婦」は女性である。すなわち看護士は男性であり、看護婦は女性である。男女共同参画で看護婦の語が使用されなくなった。そして看護士の語も使用されなくなった。現在では男女共通の看護「師」が使用されている。同じように「君」と「さん」も「さん」に統一すべきではないか。

仕事を始めて1週間も経たないスタッフさえも、入居者の名前も顔すらも覚えていない状況で、「今日はあなたがやってね」と代わり番こでやらされていたのだった。

それに「桃の里」のスタッフは大半が介護の経験のない近所の主婦たちだった。介護の初歩であるホームヘルパー2級の資格さえ持っていなかった。

施設長のお気に入りのふたりさえもその資格を持っていなかったし、さらにその主婦たちの入れ替わりはひんぱんだったのだ。

仕事の初日、おしゃれなワンピースを着てきた主婦がいた。

一瞬、華やいだものがホールに漂ったが、彼女は看護師兼責任者の川村トシ子さんに、「あれじゃやね」と採用を取り消された。

そして、薬の間違いはわたしの夜勤日のときだけのことだったのだろうか。

他の夜勤者、あるいは昼間のスタッフのときには無かったのだろうか。無いとはいえない。おそらく間違いに気づかないまま服用させていたに違いない。するとその件数はかなりのものになる。

ケアマネジャー兼責任者の野村ゆかりさんはわたしよりひと足早く、わずか5カ月で退職することになってしまった。そのときなぜ辞めるのか尋ねてみた。

彼女は、「ここはスタッフのレベルが低すぎるのよ。指導されていないのよ。わたしには責任がとれない」と言った。

そして体を近づけてきて、

「あの施設長とはとても一緒にやっていけないわよ」と言った。

一連の薬の件のレポートは写真を含めて13ページになった。

10月初め、わたしはそのレポートと一緒に辞表を書いた。

なんのためらいもなかった。

第7章

パーキンソン病の松山由美さん

朝食の配膳をしているときだった、白っぽい服の女性がテーブルから立ちあがった。背丈のあるそのうしろ姿に配膳の手が止まった。鹿児島市の介護付有料老人ホーム「薬師《やくし》」*で、入居者16人をホールに誘導し、朝のざわめきが始まったときだった。

「あれ、誰」

思わず近くにいた古川清《ふるかわきよし》さんに尋ねた。

認知症の古川さんは、「誰だろうね」と言った。

背丈のある女性はゆっくりと歩き始めた。不審者？　まさか。よく見るとさきほど車椅子で誘導した松山由美《まつやまゆみ》さん、46歳だった。

松山由美さんはパーキンソン病*で薬が切れると全身の筋固縮*が起こり動けなくなってしまう。その薬の効能は2時間ほどしか続かなかったし、そしてその使用は制限されていた。

だから昼夜を問わず、介護者が由美さんの手足や腰を動かして*全身の筋肉をほぐしてあげなければならなかった。そうしなければ体が丸太ん棒のようになり動けなくなるのだった。

薬師：鹿児島市の町名のひとつ。江戸時代、薬師馬場町、鷹師馬場町などの町名が使われており武家町であったところ。薬師とは薬草を扱う人のことで医者のこと。

パーキンソン病：脳の神経伝達物質であるドーパミンが不足することで筋固縮が起こるもの。全身の筋肉が動かなくなる。ドーパミンの代替え的な薬で症状を抑える。いくつかの薬があるが、それぞれ副作用があるのでその服用は注意を要する。

筋固縮：筋肉が固くなり動かすことができないもの。同じ姿勢を続けたとき、激しく筋肉を動かしたとき、あるいはパーキンソン病の脳の異常で起

起こすときは、ベッドのうえでパジャマの足首を摑んで脚の曲げ伸ばしをする。お腹の所まで曲げ、さらに開脚する。両手を取って腕を開いたり閉じたり、曲げたり伸ばしたりする。まぶたも動かなくなっていることがある。それは手の運動のあとで自分の指で開いたり閉じたりしてもらう。

声帯も固縮してしまい思うように話すことができない。だから夜はナースコールのボタンを手に握って休んでもらい、夜勤者を呼ぶときはそのボタンをなんとか押してもらう。ホールでは赤ん坊用の鈴を手元に置いてあげ、それを振ってもらうのだった。

その由美さんが椅子から立ちあがり、トイレに向かって歩き始めたのだった。入居したばかりだった由美さんの介護をするのは２回目だったので、彼女が自力で歩くのは初めて見た。何が起きたのか分からなかった。もしかすると彼女は病気のふりをしていたのではと思った。そしてさきほど服用させた朝食前の薬が効いたと思いあたったときには、さらに驚いてしまった。

こる。ある施設にダンゴ虫のように体が丸まった女性がおられた。更衣や入浴介助はひとりの介護者ではできなかった。亡くなったとき、どうやってお棺に納めるのだろうと思った。

手足や腰を動かして：施設長は手足の筋肉をもみほぐしてから起こしてくださいね、と言っただけだった。なんの知識もないのに整体師になったような気持ちで手足を動かした。ベッドに仰向けに寝ている若い女性、その手足を取って動かしてあげる。こちらが妙な気持ちになりそうだった。

インターネットで調べてみると、脳の神経伝達物質であるドーパミンが不足すると全身の筋肉が固縮してしまうとあり、そのドーパミンの元となる薬を服用させることで動けるようになるということだった。

どうやってドーパミンという脳のなかの物質を発見したのだろうか。どうやってその物質の働きを発見し、どうやって薬を作ることができたのだろうか。材料は何だろう。世界の誰かがそうした研究をし、そして薬を作ってくれていたのだ。それがいま由美さんを立ちあがらせ自力で歩かせているのだ。

「由美さんか」

わたしの顔を見上げていた古川清さんに言った。

と、認知症の古川清さんは、「お茶ッ」と声を荒げた。

わたしは手にしたままだった古川さんの大きな湯飲みをテーブルのうえに置いた。

夜中の1時過ぎ、いつものように由美さんのナースコールが鳴る。

駆けつけて「トイレや」と声かけをする。

明かりをつけてもベッドのうえの由美さんの表情は動かない。

薬が効いているときは女性らしいやさしい笑顔をされるのだが、固縮したときの顔には表情がない。眠っていたこともあり、別人のように見える。

由美さんは顔を天井に向けたままかすかにうなずく。

表情のないその顔を見ると松山由美さんって誰だろうと思ってしまう。

そして深夜ということもあり、わたしの現実感覚も狂ってしまう。

由美さんを見ている自分は誰だろうと思い始めるのだった。

東京の女子大に通いなんの疑いもなく幸せな人生を夢見ていた女性が、30歳そこそこで発病し、40代半ばで介護付有料老人ホーム「薬師」の、このベッドに辿《たど》りつくことになるなどと誰が想像しただろうか。

隠しカメラのあった西陵のグループホームにも同じくパーキンソン病の男性がいた。堀口勝義《ほりぐちかつよし》さん、56歳。当時発症されたばかりで、歩くとき両腕を曲げ小さな子どものようによちよちと歩かれた。

「なんでこんな病気になったのかね。ぼくは何も悪いことなんかしていないのにね」

おだやかなやさしい表情の人だった。

「会社も辞めたし、もう妹たちの世話になるしかないのよ」

そのふたりの妹さんがよく面会に来られた。

ふたりそっくりな顔をしておられ、背丈も一緒で、顔を並べて挨拶をされた。「お兄さん、楽しみに待っておられますよ」と言ったとき、ふたり揃って「はい」と答えられた。その声は合唱のようだった。

堀口勝義さんに尋ねたら双子の妹*だということだった。

「この歳で、こんなざまになるなんて。家にいて同級生に会うことなどできないのよ。もうぼくのことは忘れてほしい。だからこのグループホームに来たのよ」

食品会社の営業をやっていた人だった。

掛け布団をめくると松山由美さんの体は寝かせたときのままだった。寝かせたときのままに体はまっすぐ伸びていた。

双子の妹：ふたりを見たときめまいがしそうだった。同じ顔で同じ目でわたしを見られたからだ。双子の研究はいろいろなされている。1000㎞あまり離れたところで生活していながら結婚する時期、病気になる時期、そして死ぬ時期も同じだったという事例もある。ということは人生は遺伝子で決められているということか。

シーツもほとんど乱れていなかった。

「運動するよ」と声かけして、膝でベッドに這い上がりパジャマの細い足首を摑む。イチ、ニ、イチ、ニ、と曲げ伸ばしをする。腹部を圧迫して尿が漏れないだろうかと思いながらも両脚をお腹の所まで曲げる。曲げた両脚を何回か開脚する。少しやわらかさが戻ってくる。今度は両手を取って腕の曲げ伸ばしをする。肩を回す。指を1本1本曲げ伸ばしてほぐしてあげる。そして「由美さん、起きるよ」と声かけしてベッドに端座位《たんざい》*にする。

固縮の残った腕がわたしの首に巻きついてくる。

抱きかかえると体がしなだれてくる。

足腰のこわばりも完全にはとれていないので、大きな人形を抱いているようである。その体を車椅子に持っていって座らせる。そして由美さんの足を車椅子のステップに乗せながら、武岡のグループホームの井上秀夫さんを思いだすことがあった。元歯科医で彼は自殺してしまったが、彼が車椅子のうえで泣いていたことがあった。

「つらいよ、苦しいよ。あなたがうらやましいよ」と泣いていた。

端座位：椅子に腰掛けるときの座り方。ここではベッドの端に腰掛けてもらったもの。ここから車椅子へ移乗介助する。他に胡座、安座、正座、長座、仙骨座りなどがある。最近では体育座りなるものもある。日本人は正座をするので姿勢が悪い。歳を取ってくると膝の痛みを訴えるお年寄りが多いが、正座が一因ではと思われる。

「おれにはもう何もないのよ、何もないのよ」と泣いていた。

由美さんをトイレの便座の前に立たせると、テニスをやっていたという彼女のすらりとした背の高さが感じられる。

右手を手摺りに摑まらせ、ちょっとかがんで由美さんの下半身の衣服を降ろす。由美さんの色白な下腹部が現れる。

その体を便座に座らせ、両脚を開いてあげる。

「紙は？」と尋ねると、由美さんの右手が頂戴の動きをする。

40代半ばの由美さんが男性に介護されることはつらいだろうなと思いながらも、トイレットペーパーを切り取り、由美さんのその手に握らせてあげる。


松原町《まつばらちょう》*の老人ホームに面接に行ったとき「うちでやれるか、体験してみますか*」と言われた。その施設には下半身不随で寝たきりの女性がおられた。64歳の家庭をきちんと守ってこられた賢そうな女性だった。

初めてのパッド交換のとき、「男の方は……」と拒否されてしまった。指導してくれていた介護主任の女性に「どうしますか」と尋ねると、

松原町：鹿児島市の町名のひとつ。

体験してみますか：夜勤ひと晩15000円の老人ホームに応募したとき、面接で言われた。介護度4、5の入居者の多い施設の仕事はきつい。かなりな経験がないと仕事ができない。

彼女は「明かりを暗くしましょうか」と言って常夜灯にした。

星ヶ峯の特別養護老人ホームでは、83歳の女性に暴力*を振るわれた。

パッド交換をさせてくれなかった。

大型のパッドの下にさらに小型のパッド2枚を重ねているので、尿だけのときはその1枚を抜きとるだけなのだが、それもさせてくれなかった。

「あっち行け」と怒鳴られた。

そして両手を振りまわし、わたしの腕をひっかいた。彼女を押さえつけたわたしの手を力いっぱいつねられた。

「なんで男がおっとかー。警察を呼んどー」

21時、0時、4時とすくなくとも3回はパッド交換をしなければならなかった。そうしておかないとたいへんなことになる。

自分でパッドを外してしまい朝になると衣服を濡らし、ベッドを濡らしてしまう。排便*があったときはさらに悲惨だった。そこら中を汚してしまうのである。最初、気づかず床に落ちたやわらかいものを踏みつけてしまった。

暴力：暴力には5種類がある。職員がお年寄りに行なうもの。お年寄りが職員に行なうもの。入居者同士のもの。さらに肉体的な暴力と精神的な暴力がある。女性の介護者が夜勤時、入居者に殺される事件も発生している。

排便：ある特養の廊下から「出た、出ない」という声がよく聞かれた。女性の入居者がトイレに行ったり来たりしながらの会話である。お年寄りにとって眠ること、食べること、そして「出た、出ない」は大きな問題である。

だから顔を叩かれながらも横向きにした彼女の体を壁に押しつけ、パッド交換をしなければならなかった。

家族が見たら「やめてくださいッ」と怒られるだろうと思いながらも、力ずくでやるしかなかった。

ところが彼女は朝食や夕食のときは、にこにこしておられるのである。お茶を置いてあげると、「ありがとう」と言われるのだった。

「夕べ、叩いたの覚えている?」と言っても、にこにこしておられる。

羞恥心は男性にもあった。

同じ星ヶ峯の特養で一見元気そうな82歳の吉川明彦《よしかわあきひこ》さんが失禁されるようになった。

「あんなことなかったのにね、急に肛門の締まりがゆるくなったみたい」と看護師の中村玲子《なかむられいこ》さんが言っていたが、ベッドでちょびりちょびりと失禁されるのである。リハビリパンツとパッドを使用しておられたが失禁されるたびに吉川さんは自分でズボンやリハビリパンツを脱いで床に放り出してしまう。

そして防水シート*や掛け布団を汚してしまうのだった。

巡視のとき様子がおかしいと思い覗いてみると床に脱いだものが散らばっている。布団をめくると防水シートや敷布団が汚れている。裸の脚も汚れている。

そして本人は、「なんで、こうなったんだろう。なんで、こうなったんだろう」と子どものように泣かれるのである。

恥ずかしさは痛みである。

女性の場合は同性による介護が望ましいのだが、昼間はともかく単独勤務の夜勤のときはそういうわけにはいかない。それにどこの施設でもそうだが、入居者は女性が多いのだ。男性の2、3倍は女性であり、片やわたしのように男性の介護者もたくさん居るのだ。

由美さんは観念しておられるようだった。

人の助けなしにはもう自分はどうにもならないと耐えておられるようだった。

「終わったら声を出してください」と言ってトイレから出る。

防水シート：尿モレなどから敷布団やベッドを守るもの。介護用品。使い捨ての紙タイプのものや、洗って使えるラバー素材のものなどがある。汚れたものは消毒してから洗濯した。

とは言ったものの、頃合いを見はからって覗くしかない。

トイレの外に出て耳をすます。しばらくして細い水の音が聞こえてくる。

由美さんの心臓、腎臓、そして膀胱がりっぱに働いていると思いながらその音を聞く。

居室に戻りベッドに寝かしつけると、由美さんが「カ、カーテン」と言う。

いつものようにカーテンを半分ほど開け常夜灯も消すと夜空がほの白く見えてくる。いくつかの星がはるか手の届かない遠くできらきらと輝いている。

「星を見ていると、気持ちが落ちつくの。星って、小さな声でなにか語りかけているでしょう。わたしは子どものころとか、東京のことを思い出すの」と由美さんが言ったことがあった。

あのとき、「ぼくも東京にいたんだよ。30年いたんだよ」と言うと、由美さんは「えっー」と言った。「なつかしい」とたどたどしく言った。

大泉学園：東京都練馬区の地区。駅は西武池袋線の大泉学園駅。近くに東映の撮影所、植物学者牧野富太郎の記念館などがある。学園があるわけではない。学園都市を造る構想で名称がつけられたが実現しなかったものらしい。かつて練馬大根といえば有名だったが、いまでは農地が少なくなっている。

石神井：東京都練馬区の地区。駅は西武池袋線の石神井公園駅。大泉学園駅の隣。近くに都立石神井公園があり、武蔵野の面影を残している。休日には大人や子どもたちで賑わう。何度か行ったことがある大泉学園《おおいずみがくえん》*に住んでいたと言うと、「わたし石神井《しゃくじい》*、石神井公園よ」と言った。それから由美さんは打ちとけて話をするようになった。

由美さんが東京のことを話すとき、表情がやわらかくなっていた。池袋、お茶の水、銀座、原宿、石神井公園などのことをよく話した。

「東京って、人だらけで、おしゃれな店がたくさんあって、隙間がなくて、土がなくて、でもなつかしい。テレビに東京が映ると、こんなになつかしいのかって。でも、みんな過ぎて行くのね。ただ過ぎて、居なくなってしまうのね。ナスのことをナスビって言ったら、友達に笑われた」

由美さんは車椅子のうえでひと息つき、由美さんらしいいい顔になった。

「石神井公園、よく行ったな。春になると緑が濃厚ね、遊んでいる子どもたちの声。三宝寺《さんぽうじ》池の睡蓮がきれいだったな。そして睡蓮の葉のうえをカイツブリの親子が歩いているのよ。夏だったかな、大きなヘビが木に登っていて*ね、子どもたちが騒いでいた。あの声がなつかしい、お祭りみたいだったな。でも、もうみんな居ないのね。わたしがここに居る

が、三宝寺池など手つかずの自然が残されており絵描きがよく来ていた。夏場になると睡蓮の花が咲きモネの絵を思いださずにはおれなかった。また近くに作家を父親に持つ庶民派の女優さんが住んでおり、ときどき顔を見た。

ヘビが木に登っていて：ヘビはセミを捕るために木に登る。あるいは高いところから飛び降り、丸飲みした鳥の卵の殻を壊す。マムシは木に登れないはず。普通のヘビは腹のウロコを使って前進するが、マムシは波形にした胴体を押しだすようにして前進する。だから動きが遅いし木に登れないと思われる。発明発見はこうした仮説を立てるところから始まる。

んだもの、みんなもどこかに行ってしまったのね。ホトトギスの鳴き声。墨田区の友達の家に行ったときも鳴いていたよ。ホトトギスってなんであんな哀しい声で必死に鳴くの。なつかしい。テニスコートにも行ってみたい。ボールを打ち返したい。みんなどうして居るのかな。でも、もうあそこにはだれも居ないのね。写真はなつかしい。でも悲しい。でも、もう一度行ってみたい」

由美さんはまたひと息ついて、

「ごめんなさい、勝手に話して。でも、頭のなかに、あのころの場面が見えてくるの。はっきりと見えてくるの」と言った。

30代半ばで病気が発覚し、婚約を解消し鹿児島に戻ってきたことも話してくれた。

それから移乗介助のとき、わたしに抱きついてくる由美さんの顔がわたしの顔にくっついてくるような気がした。

そして由美さんの両足首を摑んで脚の運動をするときなど、わたしはあまり妙な姿勢をとらせることができなくなってしまった。

トイレ介助のときなど、テレビで見た当たり障りのないことを話してお互いの気持ちを逸らすようにした。

いつか「男のぼくで申し訳ない」と言ったことがあったが、あのとき由美さんは、「いいのよ、わたしって、もう、これだけのものだから」と言った。

パーキンソン病の治療薬はまだない。

服用している薬は一時的に症状を抑えたり、進行を遅らせるだけであり、根本的な治療薬はないのである。

由美さんの体のなかで病気は確実に進行していく。

真夜中の巡視のとき、眠っている由美さんの顔を、わたしはどんな気持ちで見ればいいのか分からなくなってしまった。

第8章

「死にたいです」と言っていた樋口フジ子さん

その部屋に入ると異臭がした。

思わず口元を塞《ふさ》ぎたくなる臭いで、それは家に帰ってからふと鼻先に蘇ってくるほど濃厚なものだった。食事時だと箸を持つ手が止まってしまうというものだった。

樋口フジ子さんの褥瘡《じょくそう》*の臭いだった。

自力で寝返りができず、いつも仰臥位《ぎょうがい》*のままなので圧迫されている腰の血流が滞り、それが原因で傷ができ腐っているのだ。

それにしても異様な臭い。

この人が死んだとき、この体はいったいどれだけの臭いを放つのだろうと思うと恐いものがあった。

本人はなんともないのだろうかと思いながら掛け布団をめくる。

「起きとったの。ガーゼを替えようか」

わたしの気配に軽く目を開けた樋口さんは、「はい」と言った。

痩せた小さな体を窓向きにして、パジャマのズボンをずらす。

お尻の仙骨の所にガーゼが張りつけられている。

さらに濃厚な臭いに息を潜める。

褥瘡：「床ずれ」のこと。寝たきりで寝返りが打てないとき、圧迫されている体の部分の血流が滞り腐ってしまうもの。膿が出始めると異臭がする。介護度の高いお年寄りがいる特養などでは多い。

仰臥位：仰向けに寝る姿勢。この姿勢で寝たままだとお尻や背中に褥瘡ができる。その予防のため一定時間ごとに横向きに寝る側臥位（そくがい）にする。右向き、左向き、そして仰向けの3種類で対応していた。

ガーゼを剝ぐと小さな穴が覗く。直径1センチ近くの丸い穴。そしてその穴の底に白いものが見えていた。

初めて見たとき、ぎょっとした。

どう見ても骨だった。

「痛くないや」と声かけしながら、滲《にじ》み出している膿《うみ》を拭きとり塗り薬のついた新しいガーゼを貼りつける。清潔なガーゼは朝になるとまた膿で汚れている。

生きていることは、こんなにもおぞましいことかと思う。

絆創膏を軽く押さえながら、「終わったよ」と言うと、樋口さんの小さな声が「はい」と答えた。普段は耐えたように黙っている人なので、そのか細い声を聞くことはあまりない。その樋口さんがカーテンの隙間から外を見ていたのか、「星がきれいですね」と言った。

帰り支度をしていた施設長の吉永清美さんに尋ねてみた。

「あれ、どうにかならないの」

「すごいでしょう。息が詰まるでしょう」

「たまらない」

「入院待ちなの。ベッドが空くのを待っているところなの」

「ホールでは臭わないの」

「冷房が効いているから。でも上村さんがときどき鼻をしかめるんですよ」

ケアマネジャーの田中真奈美さんも、「あんなひどいのは初めて見た」と言っていた。

イレズミ男の上村辰夫さんや元社長の森山栄二さんがいた吹上町のグループホームでのことだった。


しばらくして樋口さんは入院した。

彼女が居なくなった部屋のすがすがしさ。

でもその部屋で深呼吸をする気にはなれなかった。

2カ月ほどして樋口さんが退院してきたとき褥瘡はきれいに治っていた。

どこに褥瘡があったのか分からないほどきれいに治っていた。

あのときはさすがに医療の力はすごいと思った*。

ケアマネジャーの田中さんが、「よかったねー、よかったねー」と何回も言っていた。

わたしが驚いたことがもうひとつあった。

樋口さんの表情がおだやかになっていたのだった。

やさしい表情になっていたのだった。

しかし、その表情は10日もしないうちに消えてしまった。


樋口フジ子さん、84歳。

椅子に座っているとき、いつもうつむいている*。

テーブルに着くと小柄であることもあり、顔はほとんどテーブルにくっついていた。首の筋肉が衰え頭の重さを支えることができないのだ。

頸椎もうつむいたままの形で固まり始めていたのだった。

施設長の吉永清美さんが樋口さんの頭を持ちあげて怒る。

「なんで、頭をあげないの。そんなことしているから食事ができないん

医療の力はすごいと思った：お年寄りの病気はほとんど回復の望めないもの。薬や点滴などで症状を抑えているだけのことが多い。そんな状況のなかできれいに治った褥瘡を見たとき感動してしまった。ケアマネの田中真奈美さんが「よかったねー」を連発したのも、そんな思いがあったからではないだろうか。

うつむいている：首下がり症候群というものがあるらしい。首の筋肉が弱まり重たい頭を支えることができなくなる。「しっかいせんね」と施設長が両手で樋口フジ子さんの頭を上げさせ、その両手を離したとたん頭がガクンと前に倒れた。首の骨が折れたと思った。

でしょう」

施設長が手を離したとたん、樋口さんの頭はガクンと前にうな垂れてしまう。

「この人、ヒモで頭を引っぱっておくしかないわ」と、施設長は怒る。

そういう施設長の顔は、わたしが嫌いなものだった。

「ここに来たころは元気だったのにね」

わたしが知らない2年ほど前の話である。

「歩行器じゃないのよ。杖で歩いていたのよ。勝手に伊藤ミネさんの部屋に行ってふたりでお茶会などやっていたのよ」

「樋口さん、歩いていたの」

わたしが話しかけても、樋口さんはうつむいたまま黙っている。

「言うこと聞かないから、こうなるんでしょ」

その施設では、一日中、テーブルの所に座ったままなのだ。*

起床し朝食のためにホールへ誘導されてから、夕食を済ませ口腔ケアをして居室のベッドに戻るまで、ほとんど体を動かすことがないのだ。

一日中、テーブルの所に座ったまま：このグループホームは明らかに人手不足だった。その犠牲になったのが入居者である。そして残った職員だった。2025年には介護職は30万人あまりが不足すると予測されている。戦後のベビーブーム世代が介護される世代になるからだ。

一日中テーブルの所で椅子に座ったままなのだ。体を動かせるのはトイレとか入浴、風船蹴りなどゲームのときくらいだった。

人手が足りないのだ。

昼寝のために2階の居室に誘導したり、再びホールに誘導する時間がないのだ。もちろん外に散歩に連れ出す余裕などない。

昼間は大抵、施設長ともうひとりかふたりのスタッフの2、3人態勢である。ときどきケアマネジャーの田中真奈美さんか看護師の鈴木照美さんが来て4人態勢だったが、朝食から夕食までホールで過ごしてもらっていたのだ。

炊事、入浴介助、洗濯、掃除、食事介助、買い出し、レクリエーション、トイレ介助、病院の診察と9人を世話するには最低4人のスタッフが必要なのだが、それでも厳しいものがあった。

イレズミ男の上村さんが言ったことがあった。

「ここは刑務所よりひどい」

その言葉を何回か聞いたことがあり、実感のこもった言葉に、彼は本当に刑務所に入っていたのではないかと思ったほどだった。

なんの介助も必要のない彼でさえ何かを取りに2階の居室に行くときは断っていた。彼でさえ自由に動けるのはトイレか、テレビの前のソファに移動するときくらいだった。

上村さんはおもしろいことを言うと思った。

が、独り言をぶつぶつ言う永山文江さんが、あるとき「ここに一日中、座っているのもつらいものがありますよ」と言ったことがあった。

はっ、とした。

イレズミ男の上村さんは出任せを言ったのではなかったのだ。

そのときから、わたしは朝食後、上村さんに外の散歩をしてもらうようにした。施設長に見つかれば怒られることを覚悟で10分あまりの散歩をしてもらった。

彼の糖尿病のためにもよいことだった。

「上村さん、静かに出ていってな。遠くへ行かんでな」

あとは上村さんを信頼した。

と、思いつつも、樋口フジ子さんや認知症の福田サヨさんの世話をしながら、80メートルあまりのまっすぐに延びた道路を見守った。

上村さんは、両側の家の庭を覗きこむようにして歩いている。

庭の花を見ているのだ。

上村さんがT字路にさしかかったとき、わたしの緊張が高まる。

が、上村さんはそこに立ちどまり、朝の空気を吸いながらその高台から吹上浜のほうを見ている。そして、上村さんが足を施設のほうに向けたとき、わたしはほっとするのだった。

誰とて一日中、椅子に座っているとあちらこちらが痛くなる。体がおかしくなる。頭もおかしくなる。みんながよく苦情を言わないものだと思った。

そして樋口フジ子さんがうつむいたままで頭を持ちあげることができなくなった理由は、それだったのだ。

人間の頭部の重さは体重の10％ほどらしいが、何もせず座っていると

その頭は重い。うつらうつらするとうな垂れてしまう。

使わない筋肉は1週間で衰え始める。*

半年もしたらほとんど無くなってしまう。

そして元々痩せていた樋口さんの首は、自分の頭の重さを支えること

ができなくなってしまったのだ。

そんな樋口さんの食事はたいへんだった。

指の関節も固縮し箸がきちんと持てない。うつむいているので食べ物

をうまく口のなかに入れることができない。そしてうまく飲み込めな

い。だから時間がかかった。

「この間も朝食に2時間かかったんですよ」と施設長が言ったことが

あった。

「2時間？」

「だから片付けられないの。この人はデイのお茶もお菓子もなしなの」

誰が見ても樋口さんに対する施設長のやり方は間違っていた。

使わない筋肉は1週間で衰え始める：個人的なことだがアキレス腱の手術をしたことがあった。ギプスで脚を固定された。当時40代半ば、重力以外なんの負荷も加えない左の太ももが1週間で細くなった。ギプスから出ている太ももが目に見えて細くなった。

夕方6時、みんなの夕食が始まる。

そのとき樋口さんがうつむいた顔を横向きにしてわたしを見ることがある。

箸がうまく持てないのでスプーンが欲しいのだ。

すると施設長が大声をあげる。

「樋口さんッ、甘えたことを、言いなさんなッ」

施設長の顔に力が入っている。

「お箸を、使いなさい。ますます使えなくなるでしょう。お嫁さんに怒られるでしょ」

樋口さんは助けを求めるようにうつむいた顔を少し横向きにしてわたしを見る。

「やさしい人だと思うと、すぐ甘えるんだから。川島さん、絶対にやらないでくださいね」

厳しい言葉が続く。

イレズミ男の上村さんも、元社長の森山栄二さんも何か言いたげに樋口さんを見ている。

刑務所帰りの竹下ミヨ子さんはスプーンを使っている。

施設長がひいきにしているまるぽちゃで認知症の福田サヨさんも、小皿に豆などがあるとき*はスプーンを使っている。

なぜか施設長は樋口フジ子さんには厳しかった。

そして樋口さんに対する厳しさはこの程度では済まなかった。

他の入居者の前でも容赦しなかった。

施設長の殺し文句は「お嫁さんに言いつけるわよ。それでいいの」だった。

お嫁さんとは樋口さんのひとり息子の奥さんだった。

後で分かるのだが樋口さんの顔を平手で叩きかねない人だった。

「お嫁さんに言われているんですからね、自分でできることは自分でできるように*してくださいって」


箸を使っての樋口さんの食事は一向に進まない。

樋口さんは施設長の吉永さんの目を盗んでは、ごはんを手づかみして口のなかに入れる。そしてごはんが床にこぼれ落ちる。

豆などがあるとき：福田サヨさんはエンドウ豆を食べなかった。認知症で何をするか分からない人が、エンドウ豆だけはきれいにより分けて残していた。

自分でできるように：入居のときの書類に家族の希望欄があった。そこにはいつもこうした文言が書いてあった。お年寄りがいったん失った、あるいは失いつつある能力を取りもどすことはほぼ不可能。お年寄りは日に日に衰えていくだけ。書類には意味はなく、家族の慰めにすぎなかった。

施設長の目はごまかせない。施設長がじろりと樋口さんを見たと思ったら、「なんで、そんなこと、するの」と怒鳴る。

その施設での夜勤1日目のときだった、わたしの目の前で施設長が樋口さんを怒鳴ったのには驚いた。

「なんで言うことを聞かないの。川島さんはあなたのためを思って言っているのよ。それがありがたくないの」

わたしの身が縮んだ。

この施設で働いていけるのだろうかと思った。


小雨の朝だった。

樋口フジ子さんの月1回の外出日だった。

お昼は、お嫁さんがレストランに連れていってくれるということで余《よ》所《そ》行きの服を着ていた。9時過ぎにお嫁さんが迎えにくるので朝食前に施設長が着替えさせたのだった。

「これは樋口さんのお気にいりの服なんですよ。ねぇ、樋口さん」

はて、と思う。

施設長の声が突然やさしい。

「病院に行くときも、先生に会うんだからと、これを着て行くのよ、ねぇ」

うつむいているので樋口さんの表情は読みとれない。

お嫁さんに連れられて外出することがうれしいのか、うれしくないのか分からない。

その朝だけは9時に間にあうように、衣服を汚さないようにと、朝食は施設長がスプーンで介助して食べさせたのだった。

朝9時前、わたしが2階の詰所で日誌を書いているとき、お嫁さんの車が来て玄関先に停まった。

初めてお嫁さんという人を見た。

ちょっと小太りの丸い顔で、施設長に笑顔で挨拶をしていた。

施設長の吉永さんも、満面の笑みで挨拶をしていた。

施設関係者は入居者の家族にはここぞとばかり気を遣う*のだが、施設長の普段とあまりに違う態度に驚いた。

家族にはここぞとばかり気を遣う：お客さまは入居者本人である。が、家族に気を遣ったほうが施設の利益につながる。

人はこんなにも簡単に豹変《ひょうへん》できるものかと思った。

「フジ子さん、歩けるでしょう。お嫁さんが手伝ってくれるから車までがんばって歩いて」

樋口さんに話すとき施設長のあんなやさしい声、話し方は聞いたことがなかった。

それからが修羅場だった。

「さぁ、立って。立てるでしょ」

おっ、と驚く。

お嫁さんの口調が施設長の吉永さんが怒っているときの口調と同じだったのだ。というよりあとで分かったのだが、施設長の口調がお嫁さんと同じだったのだ。

小雨が降っていたので、お嫁さんは傘をさし、樋口さんに片手を添えていた。樋口さんは濡れた手摺りに摑まり10センチ、10センチと足を動かして階段を下りていった。ほぼ自力で彼女が歩くのを初めて見た。が、首と背中が曲がりうつむいたさまが異様だった。

「恐がらないの、足を動かすのッ」

「だいじょうぶよね、樋口さん」

見守っている施設長も声をかける。

濡れながら樋口さんは車まで辿りついた。

しかし、足が上がらない。車に乗りこめない。

「何してんの、そこで足を上げげんね」

お嫁さんの怒鳴り声が聞こえる。

傘で見え隠れする樋口さんの足が震えている。
5、6センチあがりかけては落ちる。
「足を、あげんね」

「樋口さん、がんばれ」

樋口さんはいつになくやさしい施設長の声をなんと聞いているのだろうか。

うつむき地面を見たままの彼女の顔は見えない。

どんぐりの木が雨に濡れている。

亡くなった伊藤ミネさんが、タバコ*を吸いながらいつも見ていた木で

タバコ：施設では禁煙である。伊藤ミネさんの喫煙はやむをえなかったのだろう。職員も禁煙である。30年くらい前の映画ではタバコを吸う場面があたり前のように出てくる。あんな時代もあったのかと思う。しかも吸い殻のポイ棄てである。映画、テレビが公衆道徳をむちゃくちゃにしてきた。

ある。

小人がぶらさがっていた葛蔓がまた伸び始めていた。

わたしは窓から離れて日誌の続きを書いた。

玄関口にお嫁さんと施設長の声が聞こえていた。

「やれることは自分でやらないと、人に迷惑をかけるがね」

「樋口さん、がんばれ」

立っているのが精一杯の人が車の床まで足を上げることなどできない。

「早よ、せんね。濡れるがね。なんでわたしがあんたのために濡れんな、ならんの」

「樋口さん、がんばれ。服が濡れるでしょ。がんばって」

日誌を書き終わっても、玄関口を塞がれていたので、わたしは帰ることができなかった。

小雨のなか、お嫁さんと施設長の声は続いていた。

夜、ベッドに寝かせたとき、樋口さんが「死にたいです*」と言った。

死にたいです：樋口フジ子さんがか細い声で、そう言ったときは哀れなものを感じた。誰も理解してくれる人がいない、ただ独りで耐えておられたのだ。わたしには助けようがなかった。そればかりかわたしも施設長のやり方に感化されていた。人生最後の場面を樋口さんは孤独のなかでさびしく終わろうとしておられた。

そして掛け布団を顔まで引っぱった。

「疲れたの」と尋ねても樋口さんは答えなかった。

朝の起床時にも「死にたいです」と言った。

施設長の吉永さんに話すと、

「前から言っているのよ。同情してほしいのよ」と言い、

「川島さん、あまり甘やかさないでくださいね。着替えも自分でやらせてくださいね」と言った。

まずかった。

施設長に尋ねるべきではなかった。


その施設ではスタッフの入れ替わりがひんぱんだった。

わたしが仕事を始めたとき、すぐに若い女性が辞めてしまった。

よく笑う女性で、楽しそうに仕事をしていた。

面接に行ったとき、タバコを吸う伊藤ミネさんに玄関口で付き添っていた女性である。

彼女を見て、わたしも楽しく働けそうだと思ったのだった。

彼女は週4日だけのパート勤務だったが、わたしが夜勤の仕事を始めて1カ月もしないうちに辞めてしまった。

さらに3カ月くらいしたとき、正規雇用の若い男女が同時に辞めてしまった。

女性は、武岡のグループホームで同僚だった女性である。

男なら目が離せない美人だった。彼女が居ると、その姿を目で追わずにはおれないものがあった。見ているだけで幸せな気持ちにさせられるのだった。

偶然の出会いに驚きうれしいものがあったが、彼女は男性と不倫関係*になっていた。

わたしに夜勤の仕事を教えてくれたのは男性のほうだった。

彼が最初に話してくれたのは、施設長のやり方はむちゃくちゃですよ、ということだった。

そのふたりが一緒に辞めてしまった。

美人の独身女性と既婚の男性。20代半ばのふたりは不倫関係だった。

不倫関係：人は不倫に強い反応を示す。ねたみである。テレビのワイドショーの反応はすさまじい。話題が欲しい、幸福な人間を引きずり落としたい、そして不倫願望がある。ねたみとは他人のものを欲しがることである。

ふたりがわたしの目の前で見せる親密さに、はて、と戸惑わされるものがあったが、あるときふたりの車が山道の脇に停まっているのを見てしまった。

わたしの通勤経路の山道の木陰に、ふたりの車が停まっていたのだった。


施設長の吉永さんはひとりで仕事を背負い込んでしまった。

スタッフの募集をかけてもなかなか応募がない。

せっかく採用が決まっても、次から次へと辞めていく。

不倫のふたりはそれぞれ夜勤もやっていたので、シフトに穴が開いた分はわたしと、そして施設長の負担になった。ときどき来る社長の奥さんはほとんど手助けにはならなかった。施設長は早番の朝8時から遅番の夜7時まで働き、さらに夜勤をやるときは、つぎの日の夜7時までの勤務だった。

あの体力、忍耐には敬服するものがあったが、ついに彼女が泣いてしまった。

「だめ、わたし、もうだめ、もうやれそうにない」

施設長が洗濯室で泣いていた。

うしろ姿が小さくなっていた。

「施設長、午前中、調子が出ないのよ。不機嫌なのよ」

半年で辞めていった正規雇用の塩屋優子《しおやゆうこ》さんが話してくれたことだった。

「午前中、彼女の態度にはイラッとさせられるのよ」

よく笑っていた女性のことを思い出した。

彼女が辞めるときも、同じようなことを言っていた。

「午前中はみんななんかぴりぴりしているんです。スタッフだけじゃなくて、利用者さんも、気づいているんですよ」

「無理しているのかな」

「なんでスタッフが施設長の機嫌をとらなくちゃならないの」

塩屋優子さんは介護の経験も長く、てきぱきと仕事をやっていた。その大きな声でみんなを和ませていたが、半年で辞めてしまった。

夜勤者の応募*が1人あり採用された。50代後半の男性だった。

「よかったね」と施設長に言葉をかけた。

が、彼は10日もしないうちに辞めてしまった。

「あの人、要領が悪いんですよ。それに朝はつぎの仕事があるので8時に終わらせてほしいと言うんですもの」と、施設長は言った。


フルタイムのスタッフへの応募があり、正規雇用として採用された。

北原育子《きたはらいくこ》さん。30過ぎで、介護福祉士の有資格者。タイのチェンマイ*からの帰国子女だった。父親の転勤について行ったということだった。

「あそこは日本人が多いんですよ。気候がしのぎやすいし、物価が安いし。だから定年退職者がたくさんいるんです」

彼女が遅番のとき、チェンマイの話をよく聞いた。

その彼女も半年くらいで辞めてしまった。

が、いま思うととてもかわいそうな辞め方だった。

朝の忙しいときに電話がかかってきた。

夜勤者の時間帯に電話はめったにかかってこないのだが、北原さんが

夜勤者の応募：夜勤の募集に主婦の応募はほとんどない。家庭があるので嫌われる。年末年始、お盆休みの日勤さえも嫌われる。介護者募集で「夜勤なし」と書いているところもある。

チェンマイ：タイ北部の町。古都で寺院がたくさんある。昔の人々の迷い、恐怖心、仏への畏敬の念で造られたもの。今も昔も人の悩みは同じ。「微笑みの国、タイ」は宣伝文句。みんな忙しくて微笑んでいる余裕はない。

同棲している彼氏からだった。

「北原育子が居ないんです。何も言わずに居なくなったんです。会社のほうに連絡はいっていませんか」

もちろん連絡などなかった。

「携帯も置いたままで居ないんです」

彼氏の声は焦っていた。

「心配なんです」

「こちらからは連絡のとりようがないですね」

「出勤したら、電話するよう言ってもらえませんか」

彼は自分の携帯番号を言って電話を切った。

早番の８時の出勤まではまだ１時間あった。

そして８時を過ぎても、北原育子さんは出勤しなかった。

９時前、施設長の吉永さんが出勤してきた。

北原さんのことを報告した。

「どうしようか。彼氏は事故とか心配していたんだけど」

午前中の不機嫌な顔で聞いていた施設長は、

「心配ないでしょう、子どもじゃないんだから」と言った。
その素っ気なさに驚いた。
わたしの報告の仕方がまずかったかと思った。

北原育子さんが辞めたあと分かったことは、彼女は「出社拒否」だったのだ。

連絡がとれないように携帯は自宅に置いたまま、そして彼氏にも黙って、あの朝、外に出たのだった。出勤しようと思っても、足が施設のほうに向かない。施設長との1日のことを考えると足が動かない。つらかったと思う。

そうしなければならなかった彼女の気持ちを考えるとなんともいえなかった。わたしが報告したときの施設長のあの素っ気なさが、ふたりの関係のすさんださまを思わせた。

週3日ほど働いていた看護師の鈴木照美さんも辞めた。

1年続かなかった。

ビニール手袋：感染予防はコロナ禍によって大きく変わった。コロナ禍以前、トイレ介助など素手でやる人もいた。コロナ禍以降、使い棄てのビニール手袋、マスク、使い棄てのビニールエプロンを使用するようになった。さらに消毒液の容器を腰にくくりつけ、絶えず消毒するようになった。便器のなかの落とし物くらい素手で拾えないとだめよ、などとはとても言えなくなった。

小柄で陽気な女性だった。

仕事のときわたしがいつもビニール手袋*をし、オスバンS*の希釈液で手を消毒しているのを見て笑っていた。

「だめだな、この仕事をするんだったら、便器のなかの落とし物くらい素手で拾えないとだめよ」

賛成しかねたが、彼女のちょっとぶっきらぼうではあったが、入居者への気配りには感心させられるものがあった。

その彼女も言っていた。

「施設長、人の扱い方を知らないのよ。自分の幼稚さが顔に出てしまうのよ。特に、あの人、午前中は弱いからね」


正直、わたしも何回も辞めようと思ったことがあった。

夜勤を終えて気持ちよく帰れたことがなかった。

車を運転しながら、帰り間際の施設長のひと言を思い出してイライラするのだった。退勤するときなぜ気持ちよく、「お疲れさま」と言えないのだろうかと思った。そのひと言が出てこない。代わりに「いつも

オスバンS：商品名。ベンザルコニウム塩化物で消毒殺菌剤。手指の消毒には6％に薄めたものを使用する。子どものころ病院に行くとクレゾールの匂いがした。現在は匂いのしないオスバンSにとって代わった。10年以上前だったか、東北地方のある老人ホームでお年寄りがこの原液を飲んで亡くなった。認知症の方の行動は予測できない。あらゆることを想定した安全対策が必要になる。

言っているんですからね、樋口さんの着替えを手伝わないでください」の厳しいひと言だった。

が、洗濯室で泣いていた施設長の涙は忘れられなかった。

また、あるとき施設長が出勤してくるやいなや、近くの無人販売所に駆けていったことがあった。

「みかん、あとひと袋しかなかったから」と言って、100円玉を手に慌ただしく無人販売所に駆けていった。

あのうれしそうな顔、思わずうしろ姿を目で追ってしまった。

それに彼女は自分でも分かっていたのだ。

「わたしって、午前中は不機嫌な顔をしているでしょう」

施設長が率直に話してくれたことがあった。

「わたしって、そうなんです。だから川島さん、気にしないでくださいね」

樋口さんの「死にたいです」はひんぱんになっていった。

ケアマネジャーの田中真奈美さんに尋ねてみた。

「わたしのときもよく言うのよね。彼女を見ていれば分かるでしょう」

「施設長はどうして、樋口さんにあんなに厳しいのかな」

「これ言わないでくださいね、わたしは見たんです」

普段はにこやかな田中さんが声を潜めた。

「絶対に内緒ですよ。他の人には言わないでくださいね。お嫁さんが施設長にお金を渡したんです」

「利用料じゃないの」

「ティシュに包んだお金を渡したんです」

「施設長が樋口さんを怒るとき、お嫁さんと口調が同じね」

「それは、そうですよ。お嫁さんが強烈だもの」

樋口さんはベッドから起きあがることも着替えることもできなかった。

施設長の指示通り、樋口さんを早めに起こしてベッドに腰掛けさせた。そして、そばに着替えを置いて、「自分で着替えてよ」と言って部屋をあとにするのだった。が、1時間かかってもパジャマの上着さえ脱いでいなかった。

固縮した指ではボタンが外せない*。

特に胸元のボタンが外せないのだ。箸も握れなくなった人がボタンを外せるわけがないのだ。後にマジックテープ式のボタンになったが、それでも外せなかった。

ホールに誘導できない。朝食が遅くなる。

施設長と樋口さんの間で、わたしはイライラした。

「何しているのッ」

厳しい言葉が出てしまった。

ふと気づくとそれは施設長の口調だった。

そして、それはお嫁さんの口調だった。

仕方がないので、「内緒だからね。絶対言わないでよ」と言って、わたしは樋口さんの着替えを手伝った。

でも施設長は分かっていた。

ボタンが外せない：お年寄りは筋肉量が減る。手足の筋固縮が起こる。衣服のボタンすら外せなくなる。このため更衣介助は必須。今日、マジックテープ式のボタンや着脱しやすい衣服などがあるが、それでもお年寄りには難しかった。

8時に出勤してきたとき、樋口さんがテーブルに着いており、朝食もほとんど済ませていたら隠しようがない。

施設長に、「川島さん、着替えも、食事も自分でやらせてください」と怒られる。「何時間かかってもいいんです」と怒られる。

樋口さんの手足に内出血のあざが見られるようになった。

それはつぎつぎに増えていった。

頬や額にまであった。

ベッドに腰掛けて着替えようとしているとき、ころがり落ちる*のだった。

施設長に話すと、「わざとやるんですよ。この人は、そんな人なんです」と言った。

施設長の言葉は乱暴だった。やさしさがまったくなかった。

樋口さんに関して何が起きているのか、わたしにはもはや理解できなくなってしまった。

彼女がベッドからころがり落ちる頻度は増えていった。

あざも増えていった。

ころがり落ちる：お年寄りはベッドからころがり落ちる。立ちあがろうとするとき転倒する。ベッドのところで骨折したお年寄りがいた。以後、ベッドの足下のところにセンサーマットを置き、その音で駆けつけて見守るようになった。センサーマットとナースコールの音、介護者を召使いのように呼びつけるもの。

そして樋口さんの着替えはホールのトイレ*で行なうことになった。

「便座に座らせて、着替えを足下に置いてあげてください。あとは自分でできます」

施設長が樋口さんのことを話すとき、顔つきも変わっていた。

「手摺りがあるから、ころばないでしょう」

施設長の吉永清美さんはちょっと男っぽい顔をしている。しかし、彼女が子どものような素直さを見せるとき、とてもいい顔になる。

イレズミ男の上村さんは施設長の怒った顔に惹かれると言っていたが、わたしは仕事を終えた帰り間際の彼女の顔が好きだった。みんなを居室に誘導し、ホールでふたりだけになる時間だった。

洗濯室で彼女が泣いていたのも、そんなときだった。

が、樋口さんのことを話すとき、施設長のやさしさは完全に消えてしまうのだった。

樋口さんはトイレでもころがった。

トイレ：老人ホームのトイレは介護者が車椅子を押して入れる大きさである。トイレに男と女が一緒に入っている。奇妙な空間である。特養などでは安全確認のためドアのないトイレもある。民家を改造した施設では狭かったりし、車椅子対応ではないことが多い。

便座はベッドよりも高さがあったので、ころがったときの音は大きかった。

か細い手足や顔のあざはさらに増えていった。

腕の骨がよく折れなかったと思うような、色の濃い大きなあざもあった。

その年の2月、監査*が入った。

しかし、監査員は樋口さんの状態に気づかなかった。

入居者を見ず書類だけを見たからだ。書類でもみんなが書いた日誌は見ていなかった。日誌には樋口さんがトイレで転倒したことや、食事に2時間も3時間もかかったことなどが書いてあった。あざが増えていくことはわたしが書いていた。

監査が入ると分かったときから、ちょっと緊張気味だった施設長は、それが終わるとほっとした顔になっていた。そして「監査は、今回も問題ありませんでしたよ」と教えてくれた。

まるぽちゃの認知症の福田サヨさんの手を引いてホールへ誘導してい

監査：3年あるいは6年に一度、行政によって行なわれる。経理、人事管理、介護給付費の請求書などが調べられる。と同時に介護者の働き方、虐待の有無、事故発生時の対応などが調べられる。樋口さんの場合、監査がきちんと行なわれていれば虐待が判明したはずである。

たときだった、ゴトンと音がした。大きな花瓶が落ちたような固い音だった。

「ここに摑まって、動かないで」

福田サヨさんをテーブルに摑まらせてトイレに駆けつけた。

樋口さんがトイレの床に腹ばいになっていた。万歳をするように両手を前に差し出し、目はすぐ前の床を見ていた。

「どこをぶっけたの。痛い所はどこ*」

樋口さんを便座に座らせて尋ねた。

が、彼女は何も言わなかった。

目から涙が流れていた。

頭を床にぶっけたような音だった。しかし、頰や額にキズはなかった。肘や膝を見てもキズはなかった。

何を尋ねても樋口さんは答えず、どこをぶっけたのか分からなかった。

施設長の吉永さんに話すと、「なんともなかったんでしょう。あの人の芝居ですよ。日誌にそう書いておいてくれますか」と言った。

そして「ヒヤリハットはいいです」と言った。


どこをぶっけたの。痛い所はどこ：転倒のときは、この問いかけで具体的な確認をする。「だいじょうぶや、痛くないや」は慰めの言葉であり、怪我の確認にはならない。

そのころ樋口さんは本当に何も言わなくなっていた。

「死にたいです」も言わなくなっていた。

着替えは自分ではまったくできなくなっていた。

便座に座っていること自体が難しくなっていたのだ。

着替えは、手助けというよりわたしがほとんどやっていた。

そのころ新しく入ったもうひとりの夜勤者の石田成実《いしだなるみ》さんはどうしているのか、施設長自身はどうしているのか、と日誌をめくっても何も書いていなかった。

叱られることを覚悟でわたしは樋口さんの着替えをやった。

パジャマの上着は一番下のボタンを1個だけ残して、あとはわたしが全部外した。残した1個だけ樋口さんにやらせた。それでも時間はかかった。

ズボンはわたしが足首まで下ろしてあげ足先を揺さぶれば外れる所まででやってあげた。それでも時間はかかった。

靴下は脱ぐのも履くのもわたしがやった。

着衣のときは、その逆をやった。

ズボンは足先を通し、腰の近くまで引きあげてやった。あと10センチ引きあげるだけにしてあげた。上着は腕を通し、あと10センチで袖口が通るようにしてあげた。

そして着替えが終わったとき、わたしは言った。

「自分でやったんだからね。ぼくは手伝っていないからね」

樋口さんはうつむいているだけで、何も言わない。

「ありがとう、って言わないでね。自分でやったんだからね」

施設長の前で「ありがとう」などと言われると、全部ばれてしまう。

朝食はスプーンを使って介助した。

少しだけ残し、施設長が出勤してきてそれを見たあと、「はい、がんばったね」と言って片付けた。

施設長はなぜか黙認するようになった。

最も哀れだったのは朝、ホールに誘導するときだった。

歩く練習ということで車椅子ではなく歩行器を使用させるように言われていたが、エレベーターまでの10メートルあまりを20分近くかかっていた。* 朝の忙しいときに、それを見守るのは忍耐が必要だった。

が、それもできなくなってしまった。

「しっかり摑まって」と言い、わたしが歩行器を押した。

樋口さんは泣きそうな顔をして歩行器*にぶら下がっていた。

靴のつま先が床を滑っていた。

そんな樋口さんを見ていると、わたしが情けなくなった。

彼女はこんなことをするために生きてきたのだろうか、と思うとあまりに情けなかった。


３月になった。

樋口フジ子さんにとって最後の３月だった。

樋口さんが夕食にまったく手をつけなかった。

施設長の吉永さんが樋口さんを怒鳴りつけた。

「なんで食べないの。食べないと元気にならないでしょう」

樋口さんは箸を取ろうともせず、ただうつむいていた。

もうわたしに助けを求めようともしなかった。


10メートルあまりを20分近くかかっていた：のろのろした歩きを見守るのは忍耐が必要だった。わたしが押した歩行器に樋口フジ子さんがぶら下がっていたのが哀れだった。でもどうしようもなかった。

歩行器：歩行器はいくつかの種類がある。ここでは車のついた4本の脚にUの字の手すりがとりつけてあるもの。赤ちゃんが歩く練習をするとき同じようなものを使っている。この歩行器を使っても樋口フジ子さんはなかなか前に進めなかった。思えば赤ちゃん以下だった。

「せっかく作ったのに、失礼でしょう」

みんなはもう食べ終わっていた。

「川島さん、済んだ人から口腔ケアをして2階に上げてくれますか」

施設長の言葉がとげとげしかった。

独り言を言う永山文江さんが、「どうしたんでしょうね」と言い、認知症の福田サヨさんはにこにこしていた。イレズミ男の上村辰夫さんは硬い口調で、「2階に上がらしてもらいます」と言って2階へ上がっていった。

「食べるまでは、そこに座っていなさい。ベッドに行きたかったら早く食べなさい」

みんなが居なくなっても、樋口さんはテーブルの所でただうつむいていた。

「なんで食べないの。お腹でも痛いの。ね、心配しているんだから、なんか言ったらどうなの」

わたしはみんなの食器を洗った。そして洗濯機も回した。

樋口さんの食器やエプロンは別途洗うしかなかった。

「なんで黙っているの。なんで食べないの」

施設長の剣幕にわたしの顔もこわばってしまった。

施設長のことが理解できなくなった。

「体調もあるんじゃないの」と、わたしが言ったとたん、

「川島さんは黙っていてください」

施設長は樋口さんを睨みつけたまま言った。

「ねぇ、なんで食べないの、いやがらせなの。お嫁さんを呼ぼうかな。ね、呼んでほしい」


時計は夜8時を回っていた。夕食を始めてから2時間が経っていた。

上村辰夫さんもベッドに入ったのか2階は静かになっていた。

「お嫁さんを呼んでほしいのね。呼ぶからね、いいのね」

施設長はお嫁さんに電話をした。

施設長の声の調子が突然、変わった。

「そうなんです、夕食を食べてくれないんですよ。そうなんです。夜分に申し訳ありません、お願いできますか」

お嫁さんは近くの団地に住んでいるので、*車で10分とかからない。

お嫁さんの車が来たとき、施設長の吉永さんが言った。

「川島さんは2階に行っててくれますか」

翌日の入浴のための風呂の準備、洗濯物畳みが残っていたが、わたしは2階にあがった。短い挨拶のあとで、お嫁さんの怒鳴り声が聞こえてきた。

「なぜ食べないの。施設長が、あなたのために作ってくれたんでしょう」

2階の詰所まで聞こえてきた。

「食べたくなくても、がんばって食べなさい」

「樋口さん、ね、がんばって食べて。元気にならないといけないでしょう」

「なんで、黙っているの。叩くわよ」

樋口さんの声は聞こえてこない。

「箸をとらんね。なぜ、とらんの。施設長に失礼でしょう。施設長があなたのために作ってくれた食事よ」

テーブルを叩く音がする。


近くの団地に住んでいるので：グループホームの入居条件はその施設のある市区町村に住民票があること。自宅に近く、同じ市区町村の人が集まる所で認知症の人は安心する。だからお嫁さんは近くに住んでおられた。

「ほら、右手、箸を握って」

「樋口さん、食べられるでしょう」

施設長の声がやさしい。

「なんなのその握り方は。ちゃんと握らんね。そんなことしているからダメになるんでしょう」

しばらくして樋口さんの声が聞こえた。

「ごめんなさい……」

「何が、ごめんなさいね。ごめんなさいなら食べなさいよ。そんくらい分かるでしょう。ひっぱたくわよ」

あまりのすさまじさに、わたしは階段の所まで行き、様子をうかがった。

ホールの奥で3人の姿は見えなかったが、声ははっきりと聞こえてきた。

テーブルを叩きながらのお嫁さんの怒鳴り声、「樋口さん、ね、食べて」と言う施設長の声、そして樋口さんの泣き声が聞こえてきた。

「ほら、箸をちゃんと握らんね。いつも握っているんじゃないの」

それが延々と3時間半続いたのだった。

お嫁さんの怒鳴り声を、わたしは携帯電話で録音した。

夜10時を過ぎると、樋口さんは眠ってしまったようだった。

それでもお嫁さんの怒鳴り声は聞こえてきた。

「目を醒まさんね。目を開けんね。さっさと食べんね」

夜11時半、「もう寝かせましょうか」と施設長の吉永さんの声が聞こえてきた。

慌ててわたしは詰所に戻った。

施設長が押してきた車椅子のうえで、樋口さんは完全に眠っていた。

玄関先に停めてあったお嫁さんの車が帰っていった。


いつだったか施設長が話したことがあった。

「樋口さんは若いとき非常にいじわるだったんですからね。お嫁さんはそれを知っているんです。いま、その罰を受けているんですよ」

そう言うときの施設長の顔は、わたしが好きな顔ではなかった。

「だから、川島さん、同情しないでくださいね」

翌日、わたしは地域包括支援センター*に電話をした。

内部告発である。

「あなたがたが、きちんと監査をしないから、分からないでしょう。本人を見れば分かることですよ。手や足に、そして顔にも内出血の跡がたくさんある。ころんだ、なぜ、ころんだかが問題でしょう。ころばないようにするのが施設の責任でしょう。なぜそこを見ないのですか」

匿名で電話をした。

内部告発はクビを覚悟しなければならない。

法律的には守られていても、内部告発者を会社が守ってくれるわけがない。退職に追いこまれるのは明らかである。

それにわたしは施設長の立場も考えた。

施設長は本当はやさしいのだ。

お嫁さんに影響されているだけなのだ。

携帯で録音した10分あまりの音声を、電話口の山口《やまぐち》さんと名乗った男性に聞かせた。

地域包括支援センター：高齢者のための行政の総合機関。ケアマネジャー、保健師、社会福祉士などがおり、高齢者の指導、援助などを行なっている。虐待の対応もしており、ここに電話をしたのは正しかった。施設名を伏せたので具体的な対応はとられなかった。言えば犯人捜しが始まり、わたしは職を失う。施設長の立場も危なくなる。内部告発の難しさである。ただひとつ方法があった。行政が不定期の監査をすればよかったのだ。あとでそのことに思いあたった。

「こんなことが行なわれているんですか」

「そうです。監査をやっているんでしょ、ちゃんと見てください」

わたしはどこの機関が監査をやっているのか知らなかったが、そう言った。

「声はお嫁さんの声ですね。職員の方は何も言わないのですか」

お嫁さんが大声をあげた所だけを録音していた。

施設長の吉永さんはお嫁さんが来てからはやさしい声になっていたので録音しなかった。

「同じです。お嫁さんが来るまでは、8時までは施設長はまったく同じように、大声をあげていたのです」

匿名であり、施設の名称なども伏せたので具体的な対応は取られなかった。

樋口さんは日に日に弱っていった。

元々小食だった食事の量は以前の半分くらいになり、話をするために声を出すこともなくなってしまった。

夜7時、樋口さんのいびきの音がおかしかった。*

呼吸に、があー、があーという雑音が入っていた。

いびきというより唸り声のようにわたしには聞こえた。

眠りそのものも異様に深すぎるようだった。

口を半分開けて息をしている寝顔は、手の届かない所に沈み込んでいるようなものがあった。

夕方、なんの引継ぎもなかったので、わたしはそのまま様子を見ることにした。夜8時過ぎ、その雑音は止まった。樋口さんはいつもの寝顔になっていた。

朝4時、再び樋口さんの呼吸がおかしかった。

再び、があー、があーという雑音が入っていた。

朝6時、トイレに起きてきたイレズミ男の上村辰夫さんが、「あのばあさん、なんかおかしくない」と言った。

それが樋口フジ子さんの最後の朝だった。

わたしは樋口さんを寝かせたままにし、ホールに誘導しなかった。

いびきの音がおかしかった：があー、があーというびきは初めて耳にした。眠り始めと目覚め間際のそれぞれ2時間くらいだった。死んでいく人を何人か見たが、人は死ぬとき下顎呼吸をする。そしてそれがすっと止まる。肺が動かないので顎で呼吸しようとするのだが、があーというような音は出ない。

というより、とても誘導できるような状態ではなかった。

出勤してきた施設長に報告すると、「困ります。ホールに誘導してください」と言って、彼女は2階に行き、樋口さんを車椅子に乗せてホールに下りてきた。樋口さんの目は少し開いていたが、何も見ていないようだった。ただ車椅子に乗せられているだけだった。

「川島さん、樋口さんの食事を出してくれますか」

「だいじょうぶなの。眠っているよ」

「食べないと元気にならないでしょう。薬も飲めないでしょう。スプーンも出してくれますか」

冷めたごはんやみそ汁を電子レンジで温めて出した。

施設長の吉永さんは樋口さんの食事介助を始めた。

「樋口さん、目を覚まして。朝ごはんよ」

施設長は右手を樋口さんの額にあて、頭を起こし、その口元にお茶を持っていった。あんぐりと開いた口を、施設長は湯飲みでさらに押し開いてお茶を流し込んだ。が、樋口さんは飲み込んでいなかった。お茶は口から流れ出してエプロンを濡らした。

「ね、飲んでッ」

樋口さんの反応はない。

目は少し開いているが、何も見ていない。

おそらく施設長の顔も、そばで見守っていたわたしの姿も、もう見ていなかったのだろう。窓の明るさだけをおぼろげに見ていただけだったのかもしれない。

樋口さんがお茶さえも飲み込もうとしないので、施設長は「だめだわ」と言って車椅子の背をうしろに倒して樋口さんの体を仰向けにした。そして押し開いた口にお茶を流し込んだ。スプーンでごはんやカボチャの煮物などを少しずつ口のなかに入れていった。

だいじょうぶかなと思ったが、必死になっている施設長には何も言えなかった。

樋口さんの口も喉もとも動いていなかった。

わたしは残っていたごみを片付け始めたので、それ以上は見ていなかったが、施設長はさらに樋口さんの口にごはんやみそ汁をスプーンで入れているようだった。

いつもならわたしは日誌を書きおえ、退勤している時間だった。

突然、施設長の声。

「川島さん、小部屋のベッド、ベッドを準備して」

小部屋とは森山ハルコさんがショートステイで入居していた部屋である。

「新聞紙を広げて」

せっぱつまった施設長の声。

わたしはごみ袋を放り出して小部屋に駆けつけた。

「フジ子さん、しっかりして、しっかりして」

施設長の声が叫んでいた。

あのとき他の人たちはいなかった。

みんながどうしていなかったのか、わたしは最初思いだせなかった。

朝食のあとなので2階に誘導はしていない。みんなはそのままテーブルの所に座っていたはずである。しかし、車椅子のうえで仰向けの樋口さんと施設長の姿だけがあり、わたしは厨房のごみを片付けていた。テレビもついていたかどうか思いだせなかった。

あとで考えてみると、あの日は日曜日、デイサービスがなかったので、わたしがすでにみんなを2階に上げていたのだった。

施設長とふたりで樋口さんを小部屋のベッドに腹ばいに寝かせた。

施設長は樋口さんの顔を床に向けた。広げた新聞紙に向けた。

そして樋口さんの背中を叩いた。

「吐き出してね、フジ子さん、吐き出してね」

施設長は樋口さんの小さな背中を叩いた。

しかし樋口さんは何も吐き出さなかった。

施設長が樋口さんの口をこじ開けたとき、ごはんやカボチャがそのままに出てきた。みそ汁も少し流れ出てきた。

樋口さんはすでに呼吸が止まっていたのだった。

ホールに誘導したとき、樋口さんの意識はほとんどなかったのだ。

昨夜、そして朝方の呼吸に混じったがぁー、がぁーという音は死ぬ前の呼吸だったのだ。そこにとどめを刺すかのようにごはんやかぼちゃの煮物が口のなかに詰めこまれたのだった。

「川島さん、救急車を、救急車をー」

施設長の声が泣いていた。

電話器を握る手が震えてしまった。

「救急です。入居者が食事を喉に詰まらせました」

「そこに看護師さんはいますか」

「介護士*がいます」

「10分くらいで行きます。それまで看護師の方に救命処置をしてもらってください」

「看護師ではありません、介護士です」と、わたしが言ったときには電話は切れていた。

「だめだわッ、だめだわッ」

施設長は泣いて玄関のほうに行ってしまった。

そして携帯で電話をかけ始めた。

腹ばいの樋口さんはベッドから両手と頭を垂れていた。

それはいつか樋口さんがトイレの床に転倒したとき、ばんざいをして

介護士：わたしはこのとき施設長の職種は知らなかった。介護士はとっさに出た言葉だった。なお介護士という資格も職種も存在しない。通称であり介護に携わっている人全般を介護士と呼んでいるようである。

救命処置：心臓マッサージ、人工呼吸、AEDなどで行なう。救急隊員は体格がよく活力に溢れている。足音だけでも力強かった。弱々しいお年寄り相手の施設ではなおさら力強く見えた。そんな彼らがてきぱきと救命処置をしてくれたが、樋口フジ子さんは助からなかった。

うつ伏せていた姿と同じだった。わたしはその頭を持ちあげて口をこじ開けてみた。口のなかはごはんやカボチャで汚れていた。喉の奥に思いきり指を差し込んでみた。樋口さんの喉のやわらかさに触れただけだった。

救急車が来て救命処置*が行なわれた。がっしりした体格の救急隊員たちの動きに頼もしいものがあったが、樋口さんはもうなんの反応も示さなかった。

搬送先の病院で死亡が確認された。

そして全身あざだらけの樋口さんは警察による検死が行なわれた。レントゲン検査で肋骨に骨折が1カ所見つかった。が、救急隊員の胸骨圧迫によるものだろうということで虐待とは認定されなかった。*

お通夜の席で、社長がわたしをお嫁さんに紹介した。社長とは面接のとき話しただけで、その後はときどき顔を見るだけだった。

その社長が、わたしをお嫁さんに紹介した。

虐待とは認定されなかった：検視官といえども現場を見ていないので虐待と断定するのは難しいものがあっただろう。施設長や社長がそれなりの説明をしただろうし、お嫁さんがそれに口調を合わせれば「疑わしきは罰せず」にならざるをえなかっただろう。老人ホーム、それはユートピアではない。亡くなった樋口フジ子さんにとっては姨捨山だった。

「彼が当日、夜勤をやっていた川島です」
わたしは頭をさげた。
が、その紹介が何を意味するかは分からなかった。
棺桶のなかの樋口フジ子さんの顔。
人が生きるとはこんなことかと思いながら、彼女の死に顔を見た。
そして思わず「終わったね」と言葉をかけた。
施設長の吉永清美さんが目頭を押さえた。
「フジ子さん、一番いい着物を着せてもらったんだね」と言った。
その声は泣きだしそうだった。
が、わたしがすぐそばにいたので施設長はハンカチで口元を押さえた。

あとがき

わたしはまだ若い。

週2回はランニングをやり、走ると決めた日は雨風の台風のなかでも走る。

運動は筋力を維持し、脳の働きを活発にし、毎日の生活を生き生きしたものにしてくれる。また免疫力を高めてくれる、ということである。

だがいずれは歳をとり、足腰が立たなくなるだろう。

考えることもできなくなり、だれかの世話にならなくてはならないだろう。

そのときわたしはどうするだろうか。

至れり尽くせりの高級老人ホームに入居することなどとてもできない。

畑に囲まれた田舎のグループホームに入居するか。

看取りをしてくれる特別養護老人ホームに入居するか。

いまは考えられない。

今後介護職の大幅な人員不足も予測されており、老人ホームに入れるかどうかも分からない。そのときの流れに身を任せるしかない。

老人ホームで10年間働き、多くの人の人生の終わりを見てきた。

特別養護老人ホームでは何十人もの人が一日中ベッドに寝ているだけだった。

胃瘻でかろうじて命をつなぎとめておられる人もいた。

ついこの間まで元気に働き、家庭を守り、そして社会に貢献してきた人たちである。

その人たちが昼と夜の区別もなくただ寝ておられた。

褥瘡やあちらこちらの体の痛みを訴えながら寝ておられた。

庭のスイセンの花を見ても、もうきれいだとは思われなかった。

みんな来る日も来る日もお迎えを待って寝ておられたのである。

この本を書きながら、わたしはわたしの「老後」を考えた。

しかし自分が寝たきりになっている姿は想像できなかったし、想像したくもなかった。わたしはいつまでも小説を書き続けている自分の姿を考えていた。

いろんな記憶が鮮明に蘇ってきて作品になっていくあの幸福感、やりたいことに没頭してきた自分への確信、それがわたしの人生を支えてきた。

それらを失えば自分ではなくなる。

わたしはまだ走れる。まだまだ書ける。

最後は本文に書いた一杯飲み屋の女将のように、「いつでん、け死んでよかっじゃが。もうたくさんいい思いをした」と思いたい。

そして、ひとりでも多くの人が同じように思えることを願いたい。

2025年3月

川島　徹

本書に繰り返し登場する介護用語

老人ホーム

老人ホームには8種類ある。
規模、提供するサービスの内容によって分類され、それぞれ入居費用、月額利用料などが異なる。なお介護度の程度が入居条件のひとつになっているが目安である。受け入れるかどうかは施設の判断に依る。
8種類ある老人ホームのうち主なものはつぎの5種類である。

介護付き有料老人ホーム
介護度の高い人向け。利用料は高く高級な老人ホームが多い。

住宅型有料老人ホーム
介護度がやや低い人向け。自立した入居者は自由に外出などができる。
利用料は高く高級な老人ホームが多い。

サービス付き高齢者向け住宅（**サ高住**）
介護度の低い人向け。利用料は中程度である。

グループホーム
どちらかというと介護度の高い人や認知症の人向け。
定員5~9人のユニットごとで生活していて、一つの施設は1~3ユニットで構成される。利用料は安いほう。
入居の条件として施設のある自治体に住民票があることが必要。自宅の近くにいること、また同じ地区の人たちが集まっていることで認知症の人が安心感を得られるため。小規模な施設なので鹿児島では空き家を改造して使用しているところもあるが家庭的な雰囲気そのものがある。

特別養護老人ホーム（**特養**）
公的な施設。介護度の高い人（要介護3以上）あるいは経済的困窮者向け。
利用料は安く、入居希望者が多い。看取りまで行なう。
付記しておくなら、看取りをしない他の老人ホームでは病院に入院することになる。

介護度

要支援1から要介護5に分類してある。
介護度の認定は、一次判定を市の担当者がコンピューターを利用して機械的に行なう。二次判定を介護認定審査会が行なう。
介護度によって介護保険からの利用者への給付額、事業者への介護報酬額などが決まる。
左記の判定基準はおおまかにまとめたものである。

要支援1　掃除など身のまわりの支援が必要な状態。

要支援2 日常生活の動作がやや低下し、なんらかの支援が必要な状態。

要介護1 立ちあがりや歩行が不安定であり、部分的な介助が必要な状態。

要介護2 立ちあがりや歩行がほとんどできず、ほぼ全面的な介助が必要な状態。

要介護3 立ちあがりや歩行ができず、全面的な介助が必要な状態。

なお特別養護老人ホームの入居条件は要介護3以上であること。あるいは経済的困窮者であること。

要介護4 立ちあがりや歩行ができず、意思の疎通が低下している状態。

要介護5 立ちあがりや歩行ができず、意思の疎通がほとんどできない状態。

認知症

認知症は経過とともに重症化していく。その症状は4つの段階に分類してある。前兆、初期、中期、末期である。

アルツハイマー型認知症

認知症患者の60%程度。

脳にアミロイドβなどの特殊なタンパク質が溜まることで発症する。物忘れが一番の特徴で、アルツハイマーとは発見者の名前である。

脳血管性認知症

認知症患者の20%程度。

脳卒中（脳出血、脳梗塞、くも膜下出血など）が原因で起こる認知症。症状は脳卒中の部位によって異なる。意欲低下、言語障害、歩行障害、嚥下障害などさまざまな症状が出る。男性に多いといわれる。

レビー小体型認知症

認知症患者の4%程度。

レビー小体という異常なたんぱく質が神経細胞を破壊することで発症。典型的な症状は幻視、幻覚である。

前頭側頭型認知症

ピック病と言われていたもの。認知症患者の1%程度。

前頭葉、あるいは側頭葉などにタンパク質がたまることが原因。行動や感情のコントロールができなくなり、人格や行動、言動が変化する。初期の段階では普通に生活しているので認知症の診断が難しい。ごみ屋敷はこの認知症によっても引きおこされる。

アルコール性認知症

認知症患者の0・4%程度。

アルコールの飲みすぎで発症する。

著者紹介

川島 徹（かわしま・とおる）
1950年、鹿児島県生まれ。大学卒業後、外資系企業に就職。40代半ばで退職し、作家になるための文章修行をする。50歳で帰郷。電気メーターの検針のアルバイトをする。勤続10年でクビになり、老人ホームの夜勤の仕事を始める。著書に『メーター検針員テゲテゲ日記』（三五館シンシャ）がある。

切りとり線

★読者のみなさまにお願い

この本をお読みになって、どんな感想をお持ちでしょうか。祥伝社のホームページから書評をお送りいただけたら、ありがたく存じます。今後の企画の参考にさせていただきます。また、次ページの原稿用紙を切り取り、左記編集部まで郵送していただいても結構です。

お寄せいただいた「100字書評」は、ご了解のうえ新聞・雑誌などを通じて紹介させていただくこともあります。採用の場合は、特製図書カードを差しあげます。

なお、ご記入いただいたお名前、ご住所、ご連絡先等は、書評紹介の事前了解、謝礼のお届け以外の目的で利用することはありません。また、それらの情報を6カ月を超えて保管することもありません。

〒101―8701（お手紙は郵便番号だけで届きます）
祥伝社　書籍出版部　編集長　栗原和子
電話03（3265）1084
祥伝社ブックレビュー　www.shodensha.co.jp/bookreview

◎本書の購買動機

＿＿＿＿新聞の広告を見て	＿＿＿＿＿誌の広告を見て	＿＿＿＿新聞の書評を見て	＿＿＿＿＿誌の書評を見て	書店で見かけて	知人のすすめで

◎今後、新刊情報等のパソコンメール配信を　　希望する　・　しない

◎Eメールアドレス　※携帯電話のアドレスには対応しておりません

@

100字書評

家族は知らない真夜中の老人ホーム

住所

名前

年齢

職業

家族《かぞく》は知《し》らない真夜中《まよなか》の老人《ろうじん》ホーム
やりきれなさの現場《げんば》から

令和7年4月10日　初版第1刷発行

著　　者　川島徹《かわしまとおる》
発 行 者　辻 浩明
発 行 所　祥伝社《しょうでんしゃ》
〒101-8701
東京都千代田区神田神保町3-3
☎03（3265）2081（販売）
☎03（3265）1084（編集）
☎03（3265）3622（製作）

印　　刷　萩原印刷
製　　本　ナショナル製本

ISBN978-4-396-61834-6　C0095

祥伝社のホームページ　www.shodensha.co.jp

好評既刊

The Blue Zones 2nd Edition

――世界の100歳人に学ぶ健康と長寿9つのルール

「ニューヨーク・タイムズ」ベストセラー最新版、待望の邦訳!
世界を探求して見つけた、人生100年時代の「理想のライフスタイル」

ダン・ビュイトナー 著
荒川雅志 訳・監修
仙名紀 訳

実家じまい終わらせました!

――大赤字を出した私が専門家とたどり着いた家とお墓のしまい方

実家じまいで大赤字を出した松本明子さんが、3人の専門家に聞いた
実家処分、家財整理、墓じまいで知っておくべき&やっておくべきこと

松本明子

遠距離介護の幸せなカタチ

――要介護の母を持つ私が専門家とたどり着いたみんなが笑顔になる方法

離職しないでOK! 同居しないでOK! お金がなくてもOK!
遠距離介護を実践中の柴田理恵さんが専門家に聞いた、令和時代の介護のやり方

柴田理恵

好評既刊

誰でもできる　頭のよくなる習慣

朝ご飯は食べたほうがいい？　食べないほうがいい？　そもそも頭がいいとは何？
「脳の常識」を徹底検証！　脳に本当によい習慣が身につきます

三石巌

医学常識はウソだらけ　図解版

——分子生物学が明かす「生命の法則」

「元気で長生き」になりたい人、必読！
ベストセラー『医学常識はウソだらけ』のポイントをわかりやすく解説します

三石巌

民泊1年生の教科書

——未経験、副業でもできる！

民泊初心者のバイブル。副業収入で1000万円超えも夢じゃない！
初心者がつまずくポイントから稼げる方法まで、ぜんぶ教えます！

ぽんこつ鳩子